発達障害から知る子育て

岡田和美

マガジンランド

はじめに

この本を手にしてくださり、ありがとうございます。私がこの本を書かせていただくきっかけとなったのは、9年前、当時小学2年生だった子供の家庭訪問で、担任の先生から言われた一言でした。

「お母さん、本を書かれませんか?」

先生の、その言葉に驚きつつも、すぐに、「そうですね。自分の言葉で表現できるようになったら書きたいと思います」そう答えていました。と同時に、初めて「伝えたい」という自分の気持ちを確認しました。それからは、「本を書くこと」を気にかけて過ごすことになったのです。

私の長男は中学生の時に発達障害(ADHD)と診断されました。それまでは、「もしかしたら、そうなのかな?」と感じることがありつつも、「子育ては楽しいもの」、「楽しむもの」だと思って過ごしていました。そして実際に楽しい時期もありましたが、そうではないときもあったのです。

いじめのこと、本人が学校に行きたがらないこと、なかなか宿題をしないことや、思ったように言葉が出ないこと、落ち着きがないことなど、気になることはたくさんありました。それでも、ただそれは個性だと、そう思って長男に寄り添うことで一生懸命だったのです。

現在は子育て支援カウンセラーとしてお仕事をさせていただいていますが、そこにはこれらの経験と、悩んだこと、行動したことのすべてが、そして前職である中学校講師の経験と、発達障害について学んだことのすべてが、役に立ってくれています。

そして今こそ、これまでの経験や感じたこと、私の思い、同じように悩むお母さん方への励ましも込めて、どのようにお子さんと向き合っていけばいいのか、本にして伝えさせていただく時だと思ったのです。

この本に書いたことは、ただの対処法だけではありません。心のありようも伝えています。お母さん自身が自分を責めることなく、自分を認めてあげて、そしてお子さんと向き合い、お子さんを信じてあげること。そんなことも含めて、私がお伝えできるすべてを書きました。この本がどうか、あなたの心和む存在になれば幸せです。

もくじ

第3章

第4章

第1章

うちの子、もしかして発達障害？

長男の表情を見つめて

我が家の長男、この本の主役でもありますが、予定日から10日遅れで誕生。陣痛促進からうまく自然陣痛に移行したおかげで、出産はとくに問題なく、元気に生まれてきてくれました。生まれた時から派手な顔つきで、父親に似てハーフっぽい顔つきが印象的でした。今でも覚えているのですが、長男が2歳くらいの時に、「この子は、やおいかん（熊本弁で、簡単ではないという意味）顔をしているけん、育て方を間違えたらいけない。きちんと育てたら大物になる」と、近所の人に言われたことがあって、その時に「この子は、使命のある子なんだ。だからちゃんと育てよう」と、スイッチが入りました。

こだわりのスタート

幼稚園は、主人が子供の時に通っていた幼稚園に入れました。年少の下に週3日通園できる「ひよこぐみ」というクラスがあり、最初はそちらへ。その時、保育士の先生の一人に「少し落ち着きがない」ということを初めて言われました。年少前ですから、落ち着きがなくて当たり前。ですが、やはり「先生」の言葉とあって、頭の片隅に残っていました。

年少になった時は、担任の中山先生の名前を「なかやま」と言えなくて、「なかまやせんせい」と言っていました。よくある子供の言い間違えなのですが、隣のクラスのお母さんに「かわいいね」と笑われて以来、一切挨拶をしなくなってしまいました。長男は、笑われたことを勘違いしたんですね。本人は嫌だったのでしょう、先生の名前も一切呼ばなくなりました。年中でも全く挨拶をせず、年長になってようやく少しずつできるようになりましたが、本人にとっては相当ダメージがあったのでしょう。今思うと、これが「こだわり」のスタートだったのかもしれません。

幼稚園でのトラブルは、何度かありました。ただ、トラブルと言っても、他のお母さんから謝られることばかり。それは、クラスのお友達から何をされても、とにかく何もしない、表情一つ変えずにやられっぱなしだったからです。一度、役員をしていたクラスメートのお母さんに、「長男さんが毎日叩かれているよ、見学に行ったら？」と教えてもらい、様子を見に行ったことが。教室のカーテンの陰から見ていると、本当にやられっぱなし。何もしない、泣きもしないから先生も気づかないという感じでした。ずっと我慢しているんです。お友達も反応がないから、ますますやるのでしょう。言いたくても言わなかったのか、何とも思っていなかったのか、そんな状態が続き、さすがにまずいなと思い先生に伝えて気にかけてもらうことと同時に、お友達やそのお母さんへの働きかけをお願いしました。

ちなみに、私は性格上、思ったことは伝えなきゃ！と考えますので、こうした対処もできるのですが、そうでない親御さんもおられます。お子さんが友達からなにかいたずらをされた、でも先生や相手の親御さんにどう伝えればいいのかわからない、はたまた、強く伝わってしまわないか、嫌味に伝わってしまわないか、不安で少し気が引けてしまう、という具合です。そんな場合は何に気をつけて伝えるようにすればいいのでしょう。

できれば、「決めつけ」ではなく、問いかけるような感じで伝えてみると良いですね。「うちの子はこんなふうに言っているのですが、実際のところどうなんでしょう」と様子を尋ねるような感じです。決めつけから謝罪を求めたりするのではなく、様子を確認するのです。それであれば、伝えやすくなるのではないでしょうか。

さて、我が家の長男についても、このままでは良くないと思いまして、年中になってからは少しでも自己主張できるようにと、空手を習わせました。別に空手でなくても良いのですが、主人と話をして何かしら「武道」をやらせるのが良いのでは？　ということになったのです。剣道だと怪我が少なくて良さそうに思えたのですが、近所に極真の道場があり、そこへ通わせることにしたのです。

その成果か、年長になるとお友達に叩かれるなど嫌なことがあった時は表情に出すようになりました。それを見て、「ああ、お友達の前でも感情が出るようになったな」と、少し安心しましたね。なんせ家では表情豊かではしゃいでいる子だったので、場所が変わるとスイッチが切れたように無表情になる長男に驚くことも多かったのです。嫌な気持ちを口に出して言えるようになったのは、小学校に入ってからです。ちなみに長男の場合は、空手を始める前の説明会で道場側から主人も誘われたため、一緒に入会して父子で通っていました。そのことも、早く効果が出てきた一因だと思って間違いないでしょう。同じように何か習い事を始められる場合は、できれば仲の良い友達や、家族、兄弟と一緒に通われることをお勧めします。そのほうが、本人も家族も安心して通えますし、その安心感から「自己主張」ができるように、という目標にも早くたどり着けることになるでしょう。

幼稚園では、年少・年中・年長と、それぞれ進級する前に記念の似顔絵を描くのですが、年少の時は、自画像を仕上げるまでに苦労しました。幼稚園に行きたがらなくなり、朝から体調不良を訴え、休みがちになりました。年中の時は、節分のお面作りが嫌になりました。なんとか一本の角はできましたが、もう一本作らなければならず、また朝から体調不良を訴えました。そして先生に、「一本角の鬼もいる」と主張したのです。

年長の時は、ハサミを使った細かい作業がありました。苦痛に感じたストレスで、自分の髪を切り出して先生を驚かせたこともありました。今思えば、工作関連は嫌がることが多かったですね。絵の具、粘土、クレヨン、紙、全ての手触りが混じることが嫌だったようです。変化し始めたのは小学1年生になって絵画で賞状をもらうまでになってからです。その3学期、絵を描くこと、折り紙に関心を持つようになりました。自分が思うように、手が動かせるようになったのかもしれませんね。

「少し変わっている？」から考えたこと

「変わっているといえば変わっている、そう言われればそうかな？」

そう思うことはあっても、そこまで気にすることはありませんでした。幼稚園の年少の下のクラスの時に「落ち着きがない」と言われたことだけはずっと頭に残っていましたが、それ以外にあまり特別視するようなことはなかったです。当時は「自閉症」という言葉はありましたが、まだ「発達障害」という言葉は耳にしていませんでした。

幼稚園時代は送り迎えがあるためお母さん同士の交流も多く、子供たちのトラブル解決にも、ずいぶん親が関わっていました。小学校にあがってからは、親子の関係に少し距離が出てくるため、トラブルにも間接的に関わるようになりました。

小学校1年生になってから、長男の左ももに傷を見つけました。どうしたのか聞いてみると、同じクラスの女の子に噛まれたというのです。長男からは何も言いませんでしたし、特に気にしている様子もありませんでしたが、一応、担任の先生にお知らせました。どうやら、じゃれているうちに、口げんかになったとのことで、おそらく長男の反応が薄く、じれったかったのでしょう。私は原因が分かり安心していたのですが、そのあと保護者の方から、お詫びの電話をいただきました。

またある時は、男の子から「一緒に帰ろう」と誘われたけど、「そんな気分じゃない」と断ったことで、持っていたバッグで打たれたようです。他にも男の子たちからの「からかい」があったり、女の子からは、目に指はじきをされたり、手の腹を鉛筆で刺されたりと、いろいろありましたが、どの時も長男が納得しているかどうかで対応してきました。つまり長男が「自分にも非がある」とわかって納得しているのか、「自分は悪くないのに」と思ってモヤモヤを持ったままでいるのか、ということです。ただ、「人には手を出すな」という私の注意を守ることで、嫌な思いを溜め込んで、体調をくずすことがありましたので、学校であったことなどを話してくれると私は安心しました。

ちなみに、手の腹を鉛筆で刺された時のことですが、鉛筆を振り回している女の子に、「危ないよ」と注意をしたら、その鉛筆で刺されたと長男から聞いたのです。傷はとても浅かったですし、保健室で消毒してもらったようですから、私は「まともに受けんでよけなんたーい」と言いました。ただ、この時の長男は納得していない様子でした。考えてみると、今の状態では「女の子に注意をしたこと」が「悪いこと」になっています。そこで、先生に尋ねることにしました。連絡帳に、どんな状況だったのか知りたいということと、合わせて「注意した長男には何と話してあげたらいいでしょう?」ということを書いて、返事を待ちました。

先生からは、どうしてこうなったのか、女の子への指導ばかり考えていて、長男の気持ちへの配慮を考え忘れていたとの返事がありました。そのあと、女の子のお母さんが謝りに来られ、鉛筆で刺そうと思ったわけではなかったことが分かり、長男の気もおさまったのです。

それより私が気になったのは、お母さんが子育てで悩まれていたことでした。そこで後日、子供達を交えて、一緒に食事をすることにしました。今回の件でも落ち込んでいらっしゃいましたし、日頃の子育てにまつわる話も聞かせていただきました。私は、これまで経験したことや、主宰している育児サークルのことを話すなど、懸命に励ましていた記憶があります。この「励ます」という行為は私も元気になれますし、私にとっての学びもありますので、常に心がけていることでもあります。今回は結局、お互い様の出来事、ということで笑顔になることができました。

その旨、先生にも報告したところ、共感した言葉をいただきました。「親業って、みんな一生に一回しか経験できないことですよね。いつだって初めて出会うことだらけ。うちだけかな。うちの子は特別かなって悩みますね」と。

先述しましたが、とにかくトラブルが起こったときは、長男が納得しているかどうかで対応を考えていました。あなたのお子さんがもしトラブルに巻き込まれた場合も、まずはお子さんの気持ちを考えてあげてくださいね。

困ったのは、長男が友達同士での約束事を守れないこと、友達と遊ぶ約束をしても忘れていたことです。本人は忘れていて、学校で約束してくれるから、私は知りようもない、これが何度もあって、当然お友達も怒るし、親同士の関係性に発展した辺りから、「もしかして発達障害かも?」と気になるようになってきました。その頃は、友達を喜ばせようとした行動でさえも記憶に残っていないことがあり、行動の原因が分からないこともありました。

教科書がなくなった。傘がなくなった。上靴がなくなった。水着がなくなった。体育の帽子と半ズボンがなくなった。他の子が持ち帰っていたというケースがほとんどでしたが、困った時に先生に話すということがありませんでした。そして、「話すのを忘れていた」と言うのです。雑巾がなくなった時も、他の子が持ち帰っていたことはわかったのですが、それでも先生に話すことはしないで、代わりにタオルハンカチを使って掃除をしたことがありました。

また、なかなか朝が起きられません。熱を出したり、体調をくずす日も多くありました。1年生のある時期には、毎朝学校へ送っていました。あまり行きたくなかったようです。のちに、「学校がおもしろくない」と言うことがありました。帰りは元気良く帰ってきていましたが。

小学校に入学して2ヶ月後、「左眼の視力が低い」とのプリントをもらいました。眼科では「特に悪いところはないので見えるはずだし、以前から比べて急に悪くなることはまずない」「学校生活にプレッシャーを感じているのではないか」ということでした。学校の先生にその旨を伝えると、「プレッシャーについては、給食のことが少しあるのかもしれませんね」と、これまで以上に気にかけてくださいました。

学校に行きたくなかった理由の一つは、その給食です。長男は匂いに敏感で、牛乳が飲めませんでした。無理に飲むこともあれば、捨てることも。小学校の間は何とか無理して飲むようにすることも多かったですが、ある日、先生が「牛乳はもどしてもいいよ」と声をかけたところ、表情がパッと明るくなったように感じたと教えてくださいました。長男も、先生の言葉に「ホッとした」と言っていました。

長男は2学期になっても、給食のことが「どうしても気になる」と悩んでいました。全部食べられるようになりたかったようです。そんなこともあり、先生がご配慮くださったのが「自分で決めた量を全部食べる」という方法です。その成果もあったのか、「給食、全部食べたの3回目！」と、主人に報告した日もありました。見た目で判断して、食べずに残すということもありましたが、「食べてみたらおいしかった」と話すようにもなりました。家では、その一口に苦労してきたのですが。

その後の対応については、進級ごとに、担任の先生に任せてきました。中学2年の時の先生には「牛乳なしでもいいですよ」と言っていただいたので、それからは残す一年も、年度始めに外してもらいました。本人にとっては拷問だったろうなと思います。今も牛乳系、乳製品はダメですね。ここ最近のこと、「うちの食事は、俺のせいで偏食になっとる」と笑っていました。匂いがダメなので、食卓には出せないんですよね。

もう一つ、小学校から漢字を習い始めるのですが、その際、先生に言われたのが、長男の筆圧が弱いということ。それは指摘してもらわないと気づかなかったので、一緒に練習をしました。あとで知ることになったのが、「書いて覚える」人と「見て覚える」人がいる、ということ。私自身は、先生から書いて覚えることを教えられてきました。覚えるためには、書くことしか方法を知りませんでした。おまけに、それが自分に合ったやり方でしたから、疑うことなく固定観念になりました。

ですが、長男は見て覚えるタイプだったのです。ですから、覚えることが目的で「書くこと」を強要されると、苦痛だったのですね。それを理解していれば、うるさく言うこともなかったのですが、知らなかったのでどうしようもありません。長男が「見て覚える」ことで結果を出せるようになったのは、高校生になってからです。

宿題も、なかなかできませんでした。小学生の頃はテストで点数が取れても、夏休みなど長期的な宿題になると全くできません。計画ができないのです。漢字の練習を1ページずつ書くとか、算数の問題を1日1ページずつするとか。中学生まで、夏休みの宿題は付きっきりで一緒にやっていた気がします。どうしても「なまけている、サボっている」と見える時もあり、それで私はイライラするわけですが、でもそれは「本人の努力不足やわがまま、親の問題」ではなかったのです。まずは、そうだと「知ること」が大事でした。

夏休みの宿題を終わらせないと野球の練習ができなかったので、私が代わりに書いていました。長男は字が上手だったので、代わりに書いても気づかれず。当時は不本意でしたが、長男は野球の練習ができたし、本人にとってはストレスになっていたことですからプラスの面もある、なんて思っていました。

最初の診察では発達障害と診断されず

長男が小学校1年生の時に、出産で同じ病院だった人から「うちの子はアスペルガー症候群だった」という話を聞き、「気になるなら先生を紹介するから行ってみては」と勧められました。また小学校2年生になって友達とのトラブルが増えてきたこともあって、三学期に心療内科を受診することにしました。当時、有名な先生だったらしく、予約を取るのに3カ月以上かかったのです。診察の結果、指摘されたことは、

・一つのことにこだわると、全体が見えない
・緊張しやすく、聞かれたことに対して、どう答えたらいいのかがわからない
・頭の中で、スイッチのオンとオフがある
・適切な言葉の表現ができないときがある
・待っている間など、小刻みに体を動かし落ち着かない
・考えている最中に、頭に浮かんだことを言葉にしやすい傾向がある

などがありました。今後の取り組みとしては、

・コミュニケーションの練習（大人との個別的な関係の中で一つ一つ学んでいく必要がある）
・会話の答え方の模範を示す
・課題の見通しを持たせる
・3年生になったら、しばらくは精神面で気をつけてあげる
・環境を整え、本人に合った工夫を考えていくことが大事になってくる

これらのことを言われました。ただ、総合的な見解として、「特別な感覚というか、極端な感覚はあるものの、年齢的に何とも言えない、知能指数も高めなので、何か気になったらまた来てください」というものでした。その先生に長男は「すごく我慢強い子」だとも言われ、それで様子を見ようということになったようです。そのことを当時の担任の先生にも伝えたところ、「学校での様子を見ている限りでは、障害と思われるような行動言動はありません。ただ、自分の世界に入り、人の話が入っていいか

ない時が少しあります」という言葉が返ってきました。この時に、いったん安心してしまったんですね。「少し気をつければ、うちの子は大丈夫なんだ」と。

ただ、「3年生になったら、しばらくは精神面で気をつけてあげる」というアドバイスがありましたので、3年生に上がったときの家庭訪問では担任の先生としっかり話をしました。

その1年間、長男がどんな様子だったのか、通知表の「学校からの通信」で振り返ってみたいと思います。

「一学期」

朝の気持ちの良い返事、挨拶は皆のお手本です。国語の学習では、新出漢字の筆順を覚えるとき、しっかりと声を出し、皆をリードしてくれました。漢字の小テスト、まとめのテスト、共にすばらしい成績でした。4月の「1年生を迎える会」の代表として、体育館に響く大きな声で、歓迎の挨拶をすることができ、大変立派でした。

「二学期」

漢字大会満点おめでとうございます。目的に向けてしっかり努力ができたことを大きな自信にして、今後につなげてほしいと思います。男女誰にでも公平に優しく接することができ、正しいことを相手に優しくアドバイスができるので、皆から信頼されています。音楽会では、代表となって、はっきりした声で堂々とセリフを発表し、大成功へと導いてくれました。係の仕事の他に黒板をきれいにしたり、掲示物をはったりと、自ら進んで活動することができ、立派でした。

「三学期」

送別遠足の「6年生を送る会」では、自ら進んで学級代表のセリフにチャレンジし、立派に役割を果たしました。大勢の前で発表することに大きな自信を持つことができました。社会科では、子ども文化会館内の点字など、「人に優しい工夫」をしっかり発見し、絵を入れて分かりやすくまとめて、すばらしい新聞を作り上げました。飼育当番の仕事を自ら進んで引き受け、友達と協力してウサギ小屋をきれいにしてくれる思いやりの心を嬉しく思いました。

こうしてみると、やはり長男の学校生活は充実しているように感じます。なおさら「発達障害」は私の思い過ごしかとも思えました。ただ「家庭からの通信」には、「夏休み中は宿題にとりくむ意欲が見られず、残念でした」と書いていましたので、やはり、この時もその傾向が気にはなっていたのですね。

このように、心療内科を受診するタイミングはなかなか難しいものがあると感じています。私の場合はどこかで不安を感じながら、安心していた部分もあって、結果的に小学2年生の三学期で受診、でも明確な診断結果は出ず、後述しますが中学3年生の時の再受診で発達障害（ADHD）と診断されました。

ただ、「このタイミングで！」という明確な受診のタイミングは当然、人によって違いますのでそこはなかなか言い切れないのですが、普段のカウンセリングで敢えてお伝えしているのは、お母さんが子育てを「つらい」と感じた時、一度受診されてみてはいかがでしょうか、ということです。

逆にまったく平気なお母さんもいらっしゃいます。お子さんが強いこだわりを持っていたとしても、「大丈夫、もうどこまでも付き合うから」というお母さんです。例えば、お子さんがテーブルの上でおもちゃを順番通りに並べているのを見て、「ああ、これを移動させると子供が怒るから、このままにしておこう」という具合です。そういうことを受け止めて、自然にできるお母さんは比較的大丈夫なのですが、そうじゃないお母さんが、自分自身で悩んでしまって子育てを楽しめない、つらい、という時は、診察を受けられるタイミングだということをお伝えしています。

スポーツが長男の人生の助けに

長男が小学2年生のときにドッジボールを教えると、とても上手になりまして、3年生になるとキャッチボールも始めました。公園に行くと、同級生たちは携帯ゲームで遊んでいたのですが、長男には持たせていませんでした。それが私の方針だからです。でもこのあと、面白い展開になったのです。同級生たちが、私たちのキャッチボールに加わってきまして、やがてこれが恒例の遊びになりました。子供たちの人数が増え、そして野球が始まったのです。これには「体を動かすようになった」と、保護者の方々からも喜ばれました。この頃は特に長男の成長と、子育ての楽しさを感じた時期でした。「子育てが楽しい」と感じるのは、お母さんによって時期が違うのだろうなと考えたときでもあります。

その後、長男が小学校4年生の時に、野球がしたいと言い出しました。「将来はプロ野球選手になる」と口にしたのです。夫は小学生時代には部活動で野球をしており、私は地域でソフトボールをしていたこともあり、長男の希望には夫婦で喜びました。当時住んでいた場所が校区の一番端で、部活動をするには遠いしかわいそうだなと思ったことと、他にもいくつかの条件が重なり、それを機に現在住んでいるところに引っ越しました。主人とのキャッチボールにも力が入って、長男がとても伸び伸びし始めて喜んだことを覚えています。

早速、野球のクラブチームに入ったのですが、喜んだのも束の間、長男は団体でするスポーツは不向きなことがわかってきます。6年生の時に野球の試合があった時のこと。そのチームに幼稚園からの同級生がいました。バッターボックスに立ってヒットを打ち、ファーストベースに進むまでは良かったのですが、そこで友達の姿を見つけ、ベースから離れたためアウトになってしまったのです。監督から「何をしているんだ！」と怒鳴られている姿を見た時に、これは怒られても仕方のないことだけど、本人もキツイだろうなと。自分がこうしたい、という気持ちがあると、他のことが目に入らなくなる、そんな様子を見て「野球は無理かな」と思うようになったのです。

そこで、中学では卓球をさせようと考えました。卓球は個人競技ですし、私も教えることができます。そしてせっかくなら基本を教えようと、親子で練習に行ったときのことです。野球では右腕を使いますので、試しにラケットを左手で持たせ、素振りをさせてみると、これがなかなか上手なのです。ボールを打たせてもフォームがくずれません。そこで手を組ませてみました。すると左指が上。ここにきて、初めて左利きだったかもしれないと気づいたのです。

しかし、私が顧問の意向に納得できず入部はなしに。結局、友達の誘いでバドミントンのクラブチームに入りました。チームの先生が学校での部活動の指導をされていたこともあり、途中から部活動にも参加できてありがたかったです。そして、長男がバドミントンを始めたことが、のちの高校進学にもつながっていきました。

中学1、2年生は、とくに気になることはありませんでしたが、成績はあまり良くありませんでした。「なぜ点数が取れないのかな？」と聞くと、「ど忘れする」と言っていました。その程度の覚え方しかしてないんだと思っていましたね。忘れ物もあったようです。親への反抗はありませんでしたが、中学2年生の時に担任の先生から「反抗期真っ只中ですね」と言われて驚いたことがあります。長男に「先生に反抗しているの？」と聞いたら、ニマッと笑って。甘える矛先が先生だったんでしょうね。難しいと言われるこの時期ですが、長男は変わりなく話をしてくれました。周りのお母さんからは、子供に「無視される」と聞きます。長男は「それが普通、うちは珍しい」と言っていました。私自身も干渉されるのは嫌ですから。長男からの「うるせー、ばばあ」もありませんでした。

この1年後、長男は「発達障害」と診断されるのですが、自然と、脳のクセを「良さ」として引き出せていたのかもしれません。ですがストレスはあったようで、2年生からアトピーの症状が出始めました。高校1年生の時が一番ひどく、「寝たら掻くので、寝るのが怖い」と言った時期もありました。アトピーに関しては、生後3ヶ月の検診で「傾向がある」と言われ、皮膚科に2年ほど通ったことがあります。

中学3年生になって、成績もあまり良くなくて、勉強が嫌いだったようなので、「高校には行かなくてもいいよ」と言ったところ、バドミントンで高校総体に出たいと。それが進学のきっかけになりました。そうは言っても、自分は進学したいと言いながら勉強をしません。この頃が一番イライラしましたし、悩みました。そこで夏休みに私が計画表を作り、一日一日終わるものを考え、取り組ませました。

あとは数学の解き方や考え方にもクセがあるようです。数学がわからないというので教えていたところ、切り口を変えたら「なるほど」と理解したので、考え方が違うことがわかりました。もっと簡単な考え方や公式があったとしても、自分がわかる解き方でないと解けません。それしか受け入れられないのです。それを見つけるまでが大変でしたね。教科書通りとは、いきませんでした。

固定電話が鳴るのは珍しいことなのですが、たまにかかってくる電話に出た私の対応中に「私が教えます」という言葉が出ると、家族は何の用件の電話なのか、すぐに察しがつきます。家庭教師の営業です。

一度、「親が教えるのは難しい」と言われたことがありました。感情的になるというのが理由のようです。しかし、私の場合は「勉強を教える」ことに関しては大丈夫です。子供は「わからない」から聞いているのですから、優しく教えます。わかるまで伝え方を工夫します。わかってくれた瞬間の喜びを味わう、そんな機会を失うのはもったいなくて、塾に通わせることもありませんでした。

今では、これが「生活習慣においてもできていたらよかったな」と反省するところです。

小さい頃からそうですが、朝起きるのが苦手で、起こすのに一苦労です。放っておいたら二度寝。私の感覚としては一回起こされたらあきらめて起きると思うのですが、それができない。眠りが深いのか、起こして反応しても覚えていない、自分の目覚ましでは起きません。のちに進学した高校では朝練もあるので眠いのは理解できましたが、長男には「自分が行きたいって言ったんだから、起きなさい」と、決まり文句のように言っていました。長男も本当にやりたかったようです。専門学校に通っている頃には中学時代を振り返って、「部活がなかったら学校には行かなかった」と言いましたから。

再度の受診で診断結果が出る

中学3年生の2学期、「成績表」と「進路希望調査書」の締め切り日になっても、長男は提出していませんでした。担任の先生から催促の電話があり、私も同行することにしました。

「自分のことなのに…」「失くすことが分からない」「なぜ先生に言わなかったのか?」「どうにかしようとしなかったのか?」「逃げてばかりだ」強く注意を受けました。言われても仕方がないと思っていました。先生の苛立ちはごもっとも。そして相変わらず長男の反応が薄く、私の苛立ちも増していました。

話も終わりしばらくすると、先生から言い放たれたのは「お前のいいところは一つもない」という言葉でした。長男を全否定されたということは、自分の子育てを全否定されたと結びつき、「もうどうしたらいいのか分からない」と追い込まれたのです。それで改めて長男と話をし、もう一度心療内科を受診することにしました。そこでじっくりと話を聞いてもらい、「発達障害（ＡＤＨＤ）という診断を受けました。一緒にいた主人はショックを受けていましたが、私は覚悟もできていましたし、むしろそれを聞いて楽になりました。原因がわかったら対策ができますから。

心療内科の先生の話によると、長男は自分を責めていたようです。「なぜ約束を忘れるのか」「勉強でできないものがあるのか」「どうして自分は片付けができないんだろう」と。アトピーや、中学3年生で白髪が多かったことも気にしていたようです。先生からは、「とても優しい子です。私にも気を遣ってもらいましたよ」と言っていただきました。まずここに来た時に、「何で俺がここに来ないといけないのか」「僕なんか生きていてもしょうがない」という人が多いので、先生もその人達に何と声をかけたらいいのかわからないそうです。

将来の仕事に関しては、リハビリ技工士などに向いていると言われました。ある程度パターン化されている仕事、営業のような約束事がない仕事が良いのでは、と。そうやって対応していけばいいのかと、未来が明るく感じたことを覚えています。

高校に入学してからは、担任の先生に事情を話しました。「確かに集中力はないかもしれないが、それ以外は気にしなくてもいい」と言ってくださり、バドミントンの顧問の先生からも、「それを意識することなく接している」と言っていただき、だんだん良い方向へ進んでいきました。その時々では忘れ物をしたり、三者面談の日にちの変更のお願いを言わなかったために先生をお待たせしたり、振り返るといろいろありますが、その都度助けていただきました。

高校一年生の時は体調をくずすこともありましたが、2年、3年生と皆勤で、成績も2年間優秀賞をもらいました。長男は英語が好きだったようで、2年生からは国際コースを選びました。中学生の時も、英単語のテストは満点でした。ただ学期テストになると書けない。これはできるのになぜこれはできないの？ということはいろいろありました。

高校2年、3年生の成績が良かったのは、ケアレスミスが防げるような答案用紙だったこともあると思います。記号や選択式だったので、それで点数が取れていました。大学受験は落ちましたが、外国語の専門学校に進学し、もう1回大学を目指そうということにしました。専門学校の先生にも発達障害の診断を受けていることを伝えましたが「全然気づきません」と言われるくらいに、積極的に勉強に取り組んでいたようです。

これは長男も自覚していますが、人の気持ちがわからないところがあります。だからなのでしょうか、英語も長文は苦手です。想像力がない分、伝えてもらえれば内容は理解できるのですが、自分の思考回路で考えている時はなかなか理解し難い状態なのです。

こうやって長男のこれまでを振り返ると、子供にこうあってほしい、これくらいはできてほしい、というのを親である私が長男に押し付けていたと思います。「教育」自体を勘違いしていたと教えてもらった気がします。下の子（長女）が生まれた時期は子育てが特につらくて、育児サークルを立ち上げました。テーマを決めて月に一回、いろんなお母さん達と意見交換する場が欲しかったのです。自分自身もつらかったですし、同じように悩んでいるお母さんが前向きになるきっかけになれば、という気持ちもありました。育児サークルについては、後述します。

「子育て本」をたくさん読んだけど

子育て本はたくさん読みました。育児本、育児雑誌、自分では人よりもたくさん読んだと思っています。親になると決めた時に、必要なことは全部勉強しようと決めました。

学校に勤めている時代に、生徒の中に自分が間違っているとわかっていても意見を押し通そうとする生徒がいて、あまりにも頑固な態度に、「もう、好きなようにしなさい」と、少し突き放したような気持ちになったことがありました。その時の様子を近くで見ていた年配の先生から「俺も若い時はそうだった、でも我が子を育てると、どんなに出来の悪い子でも、何とかしようと思う大きな器ができるんだよ」と聞き、その大きい器が欲しいなと思ったものです。その後結婚し、とにかく知識を得たくて、親に求められるもの、子育て本や心理学の本、新聞に掲載される教育の記事なども片っ端から読みました。

しかし、実際は思い通りにはいきません。子育てで、「こうしたら、結果こうなりました」というのは、その子とそのお母さんだからそうなったのであって、私とそのお母さんは違う人間ですし、子供も違います。同じようにならないのは単純に理解できるのですが、私の場合は本を読むと、「本と同じように、それをしなければならない」という意識になってしまったのです。しつけもしなければならない、教育もしなければならない。

しつけがうまくできていないと感じ、一度だけ、市の教育相談に電話したことがあります。自分のしつけに自信がなくなってきたからです。その時に、「しつけは〝しつづける〟と言いますからね」と言われて、心に重くズシッと来て、またそれで追い込まれていきました。確かにしつけは必要だけれど、できるようになる時期は子供によって違います。今思うと、その時その時が自分の評価だと思っていたので、できないことはいけないことだという感覚がありました。

ですが発達障害の診断を受けて、「しつけはしつづける」からは解放されました。原因がわかってからは、そういう気持ちは楽になって、自分の子育てに対する姿勢が間違っていたんだと気づけたからです。長男には、「自分と上手に付き合う方法を見つけることが大事」だと伝えています。

本に書いてあることだけが正しいとは限らない

育児書では、母親としての心構えを書いてあることも多いです。それを読んだお母さんは、昔の私と同じように、「○○しなければならない」にしばられてしまうこともあると思います。「○○のようにしないと……」と口癖のお母さんもいます、「難しいですね」とため息をつくお母さんも。

もし、「しなければならない」と捉えてつらい時は、「私は本に書いてある通りにしたいかな?」と自分に問いかけてみてください。物事は捉え方次第。お母さんの自然なカタチで、今どういう気持ちで過ごしたいかを考えて、それを受け止めてみませんか？　お母さんが、どんな子育てをしたいのか。その軸を持っておくことは大事です。本に書いてあることだけが全てではありませんし、それが正しいとも限りませんから。本の中のことだけにとらわれないでほしいです。

教育自体、時代の流れと共にだんだん変わってきています。以前はみんな一斉に同じことを学び、一斉に同じことをしていました。その中で、できる、できないで比べられてきたのです。私達がそういう環境の中で生きてきたので、できないことは恥ずかしいとか、みんな一緒じゃないとおかしいとか、そんな価値観が育ってしまいました。ですから、「私なんて」という自己否定をしているお母さんが悩むのかな？　と思います。

私自身も悩んでいた頃は自己否定がありました。今では「ありのままでいい」と、ようやく言葉にできるようになりましたが、それを認められるようになるまでが、自分と向き合うという感じでしょうか。

現代は核家族化が進んでいます。昔は一人の子供を、親やおばあちゃん、みんなで育てていたのが、お母さん一人で育てているシーンが増えて、確実に孤立するお母さんが増えています。ですから頼るものが本になるのでしょう。私自身も、実は他人に頼ることができないでいました。私が幼児期に親戚から虐待を受けていたことで、他人に不信感を持ってしまっていたのです。そうなると余計に、自分で何とかしようと本を読んで、「こうしないといけない」というサイクルに陥ってしまったのでしょう。

どんな親になりたいか？

先日参加した、子育てがテーマの、ある講演会で、３つの質問に出会いました。

①どんな親になりたいか
②どんな子育てをしたいのか
③どのようなしつけ、教育をするか

あなたは考えたことがありますか？　この質問に対する私の答えは、

①子供たちにとってメンターの一人になりたい
②子供にやってほしいことは自分でやってみせる
③自分らしさを大事にしてほしい

というものでした。この答えに行き着いたのは、私の高校生の時の経験があります。私の父親が交通事故に遭い、生死の境をさまよったんですね。その時に生まれて初めて、「父親も死ぬことがあるんだ」と身内の死というものを考えました。父は奇跡的に助かり、その後病室にいる周りの人たちを見て、改めて「生きる」ということを知り、そこから生きることと、死ぬことを考え始めました。

子育て本は、教科書ではありません。あくまでも参考にするだけのもの。私は元教師なので、本来なら「子育て」が親業として、義務教育の学びにあっても良いのではないかと考えました。国は子供を増やしたいわけですから、そのためにも親になるために必要なことを教えることは大事なのではないでしょうか。そうすることで、本とは違うリアルな子育てについても知れるはずですし、一人一人の個性の違いについても理解が深まると思うのです。

様々な問題が取りざたされているＰＴＡも、本来は子育ての情報交換ができる場であるはず。現在は任意加入なので、ＰＴＡに入らない保護者もいますが、入らないと仲間外れにされる地域もあると聞きます。だからＰＴＡを廃止しようという動きがあるのですね。そうすると、一人育児をしているお母さん達が孤立する危険性がありま す。コミュニケーション能力が高い人はいいですが、そういう人ばかりではありません。将来、そこをつなげていけたらいいなと考えています。

長男の発達障害と向き合って

人には得意なこと、不得意なことがあります。その差が大きかったり、あれはできてこれはできないのはなぜ？と関連性のないことに理解ができなかったりで、それが「しつけ」の悩みになりました。解決しようとあれこれ学ぶうちに、「何度も繰り返し教えても身につかないことがある」、「努力してもできないことがある」ということを知りました。生まれつき苦手なことがあるというのです。

それまでは子供のために生きてきた感覚でいましたが、改めて発達障害の診断を受けて「子育て」について考えた時に、「結局は自分のあり方なんだな」ということにたどり着きました。「母」の前に、「人」としてのあり方。子供を変えるのではなく、自分が変わる。それができるまで、長男は待ち続けてくれたのかもしれません。

あるとき、投稿文が新聞に掲載されたとき、新聞社からお電話がありました。読者の方から「お会いしたい」とのご希望があったとのこと。嬉しかったですね。すぐにお会いし、語り合いました。当時、運営委員会での会長挨拶でも、長男の発達障害のことを話しました。すると、声をかけてもらうことが増えたり、悩みを打ち明けてくれたりするお母さんもいらっしゃって、お役に立てて嬉しく思いました。それに人見知りする私にとって、お相手からのアプローチは重ねてありがたく感じました。何より、長男を丸ごと受け入れることができた「証（あかし）」だと思っています。

育児サークルを主宰して

そのことに気づくために、多くの本や新聞を読み、いくつかの育児サークルにもお世話になりました。私が人見知りするタイプだったので、子供を介して人とつながろうと。当時はＦＡＸがメインで、子供がお昼寝をする時間帯にサークルのメンバーとやり取りしていました。病院に隣接した子育てサークルにも、専門的なことが聞けると思って入りました。そのつながりから広がっていき、育児雑誌の情報提供員もしていた時期もあって、楽しかったですね。他にも参加型のサークルにいくつか参加しました。

いくつもの育児サークルに参加して、それぞれに良さがあるので、良いところを取って自分で作ろうと思ったのが、サークルを作ったきっかけです。みんなで愚痴を言って発散するだけでなく、学びの場が欲しかったのです。

育児サークルは、地域に配られるフリーペーパーのインフォメーションコーナーで「育児サークル発足します」とメンバーを募るところから始め、最初は18名からスタートしました。少しずつ形を変えながら、会報も作り、熊本市からの支援も受けて活動していました。頑張って活動している団体には、当時補助が出たのですね。私自身、それまで育児サークルジプシーをしていたので、そこで知り合ったお母さん達も参加してくれました。

内容は基本、子育ての情報交換です。たくさん読んできた本の中から、テーマを決めて情報提供をすることも。「今こんな状態だから、こうしたらいいんじゃないか?」という知恵を出し合う感じです。その頃は発達障害をテーマにすることはありませんでした。家が片づかないとか、子育ての悩みとか、そういうこと。私は愚痴が好きではないので、前向きな検討ができるようなテーマを考えて、お母さんたちがお互いに褒め合えるような環境にしていました。サークルに来たら安心する、癒される、だから続くことを目指したのです。

この育児サークルは数年続けました。長男が小学校を卒業した後もやってほしいと言われて嬉しかったですね。いずれ、子供たちの手が離れたお母さんたちの交流の場として、形を変えてまたやろうかな?と思っています。先日も、このサークルで知り合ったお母さんが、「子供が成人しました」と、晴れ着を着た写真を送ってくださいました。お母さん達の交流の場として復活できたらと考えています。

とにかくそのサークルではお母さん達の自己肯定力を育てたいと思っていました。

だから褒め合っていました。そういう価値観を育てたかったのです。日本人の謙虚さとか、代々親から伝わってきている美学のようなものも大切ですが、自分が満たされているることも必要なことだと、私は考えています。親の自己肯定力が育っていないと、子供の自己肯定も育ちませんから。

ただ、当時は今みたいに「自己肯定感」なんて言われてなかった時代です。それでもそういう「前向き」な気持ちになっていただくために、褒め合ったり励まし合ったりしたのです。そしてこれは後述しますが、「自分の良いところを見つけるための一番の方法」でもあります。まずは相手を褒める、そのあと褒め返してもらうことで、自分の良さに気づくことができるのです。なかなか自分では気づけないのが自分の良いところです。ともすると、どうしても「自分を責める」、「自己否定」、に陥りがちです。特に子育てが思ったようにできていない、つらい、と感じているときはそうです。

でもここで知っておいて欲しいことがあります。お母さんが「自己肯定感」を持っているのか、「自己否定」を持っているのか、それだけで子育ても大きく変わってしまうということです。だからこそ、褒め合って欲しいのです。褒め合う相手が見つからなければ、あなたのお子さんも良いところを見つけてください。そしてそのお子さんの良いところを引き出して育てているご自身を褒めてください。とにかく、お母さんの気持ち、心を整えることが最優先なのです。

私自身もこの育児サークルの経験が、長男と向き合うことの原点になっています。この場がなかったら、私はもっと長男の「できない部分」にばかり目が行き、長男を追いつめていたかもしれません。

発達障害の長男と向き合うこと。そのために多くのお母さん達と自分自身に向き合えた経験は、今でも宝物ですし、感謝しています。

第2章

心療内科の医師から学んだ魔法の言葉

脳のクセだとはわかっていても

第1章でも書きましたが、長男が中学3年生の時に診断された結果は「ＡＤＨＤ不注意優勢型の93％」でした。診断を受けた時の先生の言葉に、とても支えられたことを覚えています。そして私達は、次のようなアドバイスをいただいたのです。

・本人に悪気はないので強く注意したりしない。強く注意することで自信をなくす
・勉強はできるが、苦手意識をもっている
・忘れない対策として、手帳を持って書き込むといい
・長男の特徴から勧められた職業は、人と接するパターン化した仕事

「そう、本人は全くもって悪気はないのですよね。脳のクセ、思考のクセからくるものだから」先生の言われた、この「悪気はない」の言葉に救われました。

仕事に関しては、「優しいから人と接する仕事はいいですよ」と言われまして。期

日の決まった事務や約束ごとのある営業、接客は不向きとのこと。でも実際、今やっている仕事は事務なのですが、相手からの電話を受けて対応するので、約束ごとがあるわけではありません。ただ、疲れたとは言いますが続いています。最近行われた面談では、仕事ぶりから「管理職を目指さないか？」という話があったそうです。長男の穏やかな性格が生かせているのでしょう。やはり先生の「悪気はない」という言葉に支えられて私の方も対応できるようになりました。

ADHDの脳のクセ

ＡＤＨＤの脳のクセとして、真っ先に言われるのは「注意欠陥」です。集中力がなく、落ち着きがありません。長男がまだ幼稚園の頃に先生に言われていたのも「落ち着きがない」「集中力がない」ということ。注意力が続かないのです。

幼稚園児や小学校低学年の児童であれば「集中力が続かない子」「落ち着きのない子」は、教室を見渡せば普通にいるとは思います。ＡＤＨＤの子供との境目として考えられているのは、授業時間で区切られる45分間を集中できるのか、できないのか、というところでしょうか。
長男の場合、授業中じっと座ってはいられましたが、先生の話が15分くらい過ぎたあたりから、足を動かして落ち着きのない様子になりました。ですので、教室の中では確かに目に付くのです。担任の先生からはやはり「集中力がないですね」と言われました。

中学に入ってすぐ、環境が変わったことで精神的にも無理があったのでしょう。長男は肺炎にかかりました。病院の先生が「風邪が長引くのはおかしい、レントゲンを撮ってみましょう」とおっしゃられ、撮影してみると胸に白い影があったのです。長男の様子を見て、「そうは見えなかった」とおっしゃった病院の先生の言葉は、日頃を物語るようでした。よく言えば「我慢強い」のです。あとで、息苦しくなかったのかを聞いてみると、「そういえば夜中に一度だけ」と話してくれました。

高校1年生の頃の成績は悪くはなかったものの「ずば抜けてできる」というわけでもありませんでした。ただ「注意欠陥」は少なからず成績にも影響はあり、定期試験の答案用紙を見るとケアレスミスがありました。数学問題でいうと「負の計算」なのにマイナスをつけ忘れる、というようなミスをしていたのです。

また以前、こんなことも言っていました。「想像力がないから、英語の長文が苦手」。自分で分析ができるとは……すごいことだと思います。それは、脳のクセと上手につき合えるようになるからです。実際、私は長男に発達障害があるからといって、悲観したことはありません。それより、大きな役割があるんだなーと感じています。

他にもADHDの脳のクセとして「話すことが苦手」「片付けが苦手」「感情のコントロールが苦手」などが挙げられます。

長男の場合、「話す」ことについては特段変わったところもなく苦手ではないと思うのですが、ただ怒られると「だんまり」を決め込みます。母としての私の態度が強いせいもあったかと思いますが、言い返してくることはありませんでした。ただ驚くのは、次の話題で全く何事もなかったように話しかけてくることです。切り替えが早いと思えば良いのでしょうが、もしかしたら「どうして怒られたのか」が伝わっていないのだろうか？　あるいは反省していないのだろうか？　と思ってしまって、私のほうが一層イライラしてしまったものですが、そう思いながらも、ずっと落ち込まれても困りますし、その反面、「ちょっと怒りすぎたかな」と思った時などには、その「切り替えの早さ」が私の気持ちの救いにもなっていました。

「片付けが苦手」に関しては改めて後述しますが、これも典型的なＡＤＨＤの脳のクセです。長男も基本的に片付けません。ゴミも要るものも一緒で、全て捨てずに置いています。よくよく見ていると、その都度その都度、捨てればいいものを置いておくので、あとで片付けるときに行動がひとつふたつと増えていくのですね。ここにあったものをそっちに置いて、またそれを取り出してから捨てる、という具合で、私から見れば無駄な動きが多いように感じるのです。だから、片付けが「面倒くさい」になってしまって、また片付けなくなります。

こんな具合ですので、声掛けの仕方、というか、片付けの仕方にも工夫が必要になります。そもそも私の感覚がおそらく長男の感覚とは違うということは意識していますし、普通に「片付けなさい」では片付きませんから。

そこで例えば、大きめのかごを用意して、そこに全部入れるようにするとか、床にモノを置かないようにとか、非常にざっくりですけど、親のほうが歩み寄る感じで、自分の片付けのイメージを押し付けないようにしてきました。床にバドミントンのラケットが置きっぱなしになっていると「これ蹴っていい？」という具合です。もちろん、親が考える片付いた状態とは違いますので、求めすぎるとイライラしてしまいますから、まずはできるところからです。「妥協点」と言いますか、歩み寄りですね。そして焦らないことです。少しずつ、できるようになればＯＫなのです。どうしても、今、片付いていないこと、がイライラの原因になってしまうのですが、お子さんが少しずつ要領を得て、大人になるまでに片付けができるようになれば、「片付け」に関しての子育ては成功といえるのではないでしょうか。少しずつ、焦らずに、です。

「感情のコントロール」についていうと、どちらかといえば怒らないタイプで、コントロールはできているほうだと思います。現在は社会人なので職場でのストレスはきっと多いと思いますが、愚痴はいっさい言いませんし、「疲れた」とは言っても、話してくれることは良い報告ばかりです。その点はすごいなと思っています。

友達も多いほうではないかと感じています。高校時代の話ですが、定期試験や資格試験前には友達に勉強を教えたり、友達が就職できるかどうかを心配したり、事務手続きのフォローができたときには「俺がおって良かった」と話していましたから。

また、発達障害だからなのかよくわかりませんが、時折「名言」が飛び出します。例えば、私が「友達が多くて良かったね」と言えば、「そんな生き方しよるけん」というような調子です。そばで聞いていても「お、すごいな!」と思えるような言葉をさりげなく言うのです。もっとさかのぼって小学3年生の頃には、「お母さんが育ててくれた自分に満足している」と言ったりもしていました。そんな名言を聞くと、学んだ本のどこかにあった「発達障害の子を育てているからこその楽しみ」を見つけたような思いになります。個性があるからこそ、発見できるものがあるのだと感じます。もちろん、その「楽しみ」は子供たち各々の個性によって違ってくるでしょう。我が家の場合は「名言」という楽しみだということです。

このように発達障害の子供の場合、得手不得手の差がかなり大きいです。また、それは周囲から見ていて、わかりくいことも多い。理解されにくいのも仕方がないな、と改めて思いますし、小学生の頃に診断結果が出なかったことも、今思えば難しいことだったのでしょう。

本人は、全く「悪気がない」のです

第1章で触れた提出物の件で視点を変えてみます。長男が中学3年生の時に、提出物を出すことを忘れていて、先生に呼びだされていたことがありました。長男は、その呼び出しさえも忘れてしまっていて、先生から直接お電話をいただいたことがありました。私も電話があるまでそのことを全く知らず、本人に聞いてみると「提出物を探していた。だから行かなかった」と言うのです。「呼び出し」に応じなかった理由は、おそらく「忘れていた」というよりも「放ったらかし」だったのではと私は思っています。

またある時は、学校に部活のバトミントンの練習着を着て行こうとするところを見つけて、あわてて制服に着替えさせたことがあります。学校に着いたら即、練習に行けるので、そのほうが合理的に思えたのでしょう。

このようなことがあっても、本人は全く悪気がありませんから、問題にもならない様子です。「忘れないようにメモを取る」というような工夫もありませんし、忘れたり間違えたりしたことに「落ち込んでいる様子」もありません。このマイペースさに直面すると、親としてはやはり苛立つこともあるのですが、でもそれが笑えるようになったらすごいことだなと思うわけです。それでも最初はそれを受け止めきれず、笑えないことも多々あります。そんなときはやっぱり「ふざけるな」などと思ってイライラもしてしまうものです。特にお母さんの気持ちに余裕がないとなかなか受け止めるのは難しいでしょう。そんな時はまず、あなた自身を自分で認めることです。別の章でも書きましたが、やはりどれだけ褒め合えるか、ここも自己肯定力とつながってきます。自分自身がありのままでいいと思えると、お子さんのことも認めることができるようになります。

本当は元気でいてくれるだけでいい、そこにいてくれるだけでいい、のです。実は、どんな子供も「使命」を持って生まれてきてくれています。つまり、いろいろな出来事や個性を通じて、親や、周りの人に、さまざまなことを伝え、そして教えてくれているのです。そこを気にかけてみることで、お子さんとの接し方が変わり、受け止め方も変わってくるのではないでしょうか。例えば何かトラブルがあった、あるいは忘れ物をした、そんなときに「私に何を教えようとしてくれているのだろう」と受け取ってみることですね。最初はなかなか難しいかもしれません。でも、それを可能にしてくれる魔法の言葉が、例の「悪気はない」なのです。常に、頭の中に「悪気はない」という言葉を置いて接してみてください。気づけることが多いと思いますよ。

切り替えが早い〜落ち込まない人生は羨ましい

どこまでもマイペースで落ち込む様子を見せなかった長男が、初めて大きく落ち込んだ様子を見せたのは、第一志望の大学受験に落ちた時です。「生きている意味がない」「親孝行ができなかった」と、ラインのメッセージに書いていたのです。私はそれを見て長男の気持ちを知りました。「この後のことは何も考えられない」「もう無理」というトークが届いたのですが、自宅に戻ってきた時には、もう違う大学のパンフレットを持って、いつもと変わらない様子でした。

きっと、高校の先生に適切に指導をいただいて、次に受ける候補の大学のパンフレットをもらってきたのだと思いました。希望した大学の一般入試を受けても、本人は「合格は無理だ」と思っていたのでしょう。元々切り替えも早いし、先生からアドバイスされて前向きになっているのだと理解しました。落ち込んだ様子もなく「先生からこれもらってきた」と私に見せてくれました。落ち込まない人生は、ある意味では羨ましくもありますが、この切り替えの早さも発達障害の一つの脳のクセなのでしょう。

反抗期でも話せる関係を見据えた子育て～「母は怖い」

反抗期といわれる時期も、私にはいろんな話をしてきてくれました。周りのお母さん達からは「(子供から)無視される」などと聞きますが、長男も自分で「うちは珍しい」と言っていました。「(母のことを)無視するってできる？」と聞くと「気絶するのでしょ(無視は)しません」と言われました。きっと私に殴られるとでも思っていたのでしょう。長男からすると「お父さんは優しい。お母さんが怖い」となっているようです。

反抗期でも子供と話ができる親子の間柄でいたいと思って、幼稚園の時から反抗期を見据えて子育てをしてきました。反抗期はどの子にもいずれやってきます。男の子ですし体力的に追い越されますから、「母が怖い」と思ってもらえるように育てたのは私の作戦でもありました。反抗期真っ只中の中学生の時には、まだかろうじて私も負けていませんでした。腕相撲でもなんでもです。負けないままにしてきたのが良かったのだと思います。実は今でも「お母さんは怖い」とは思っているようです。

早く気づいていたら、と思ったとしても

発達障害だと診断されたことで気づいたこともあれば、そうとわかっていても、なかなか気づいてあげられないこともあります。いずれにしても、「もっと早く気づいてあげていれば」と、感じてしまうことは、親ならば常にあるものです。ここではいくつかの事例とともに、少しでも早く気づいてあげられるためのポイントをお伝えします。

興味があることは、覚えているし、夢中になれる

長男は夏休みの宿題もなかなか進みませんでした。その時の課題は「漢字の練習」。本人にとっては「書く」ということ自体に苦痛を感じていたようです。

でも仮に「覚えるための漢字練習」ではなくて、「きれいに書くための漢字練習」であるなら、宿題はできたのかもしれません。中学生の時に「新聞のコラム欄をきれいに書き写す」という朝自習の時間があったのですが、その時は先生に褒められるくらい、そして学級通信に載せられるくらいに、とてもきれいに書けていました。

ここで気づいたのは、「真似るのは得意」ということ。絵を真似る、模写、写生も上手です。バトミントンの羽根は、詳細な部分まで描けていました。空間のバランスをとったりするのは得意なのだと思います。

発達障害の子は一度通った道を覚えている子が多いですが、長男の場合も同じです。違った道を通ると「違う」と言われます。興味があることは忘れないし、覚えている。

夢中になれるのでしょう。

ですが、漢字練習の課題で「書くことが苦痛」だとは当初、気づいてあげられなかったのです。何が得意か？　を考えると「書く練習」ではなく「きれいに書き写す」という発想になったことでしょう。思うように物事が進まない時は、「子供が得意なこと」に置き換えてあげると良いかもしれませんね。

計画が立てられない、計画ができない。

小学校の時には野球のクラブチームに入りながら、音楽部にも入ってミュージカルソングを歌っていました。歌が好きなことは知っていましたが、一つのことを続けるだけでも大変なのに、どうして二つともに入ったのかと聞くと「自分でもわからん」と言っていました。親としては、本人が何か面白いな、楽しいな、と取り組めばという思いがありましたので、そのままやらせていました。ですが、ここでも問題が。本人の興味が赴くままに行動するので、そもそも計画が立ちません。練習のダブルブッキングは当たり前、しかも本人は悪気がないのでわかっていない。親のほうがあたふたする感じです。この「計画ができない」ことも、特徴としてあるのだと思います。

ただ、こうした場合は頭ごなしに「ダメ」だと怒っても、本人の頭には入りません。一度やってみることで見えてくることがありますから、まずは一緒に計画を立てる練習をするなど、何かしら行動を起こしてみることです。その中で次の判断をしていくのも一つの方法でしょう。

食感の違いに敏感である

発達障害だということに早く気づいてあげれば良かった、と思うことの一つに、「食感に敏感」だということがあります。長男は食感の違うものを一緒に食べるのが苦手です。親なりに食べやすいよう工夫してきましたので、その理由が発達障害だとはなかなか気づきませんでした。食感の違うものを混ぜて食べるのは、今でも得意ではありません。

幼稚園の時の給食も、混ぜご飯が出る時は、白いご飯に替えてもらいました。御飯に食感の違うものがまざっているとダメだったのです。豆ごはんや混ぜご飯は全くダメでしたし、一般的に子供が好きなカレーライスもダメでした。柔らかいカレーとご飯の食感の違いが、本人には受け入れられなかったのです。でも親としては、この先もカレーだけは食べる機会も多いと思ったので何とか克服させたくて、カレー味のお菓子を食べさせてみました。カレー味が好きになったら、カレーライスは食べられるようになりました。今では混ぜご飯も食べられるようになりました。

しかし小学校に入ると、また別の問題が起こりました。給食のご飯が水蒸気で蒸れて柔らかくなって食感に違和感があったようなのです。周りの子供達には、食感に敏感なことを理解してもらえないので、「何で食べんと？」と言われることになります。食感の違うものを分ければ食べられるけれど、同時に食べることはできない。このことを周囲に理解してもらうのはなかなか大変でした。

一つのものに集中して食べることのないように教えられる「三角食べ」も、本人には難しい取り組みです。食感の違いに敏感ですので、その一つに別の食感が混じっていると「三角食べ」では、食が進まなくなります。
逆に、長男の小さい頃は有機野菜を食べることが流行していましたので、生で野菜を食べさせていました。スティック状に切ってあげれば食感は混じりませんので、本人は気にせずに食べられて良かったのだと思います。

また、千切りのキャベツを食べさせるのにも苦労しました。ざく切りのキャベツは食べられるのですが、切り方の違いで食べられないものもあります。キャベツの千切りも苦手な食感だったのだと、ずいぶん経ってからわかりました。感覚が鋭くて、歯ごたえに敏感なのでしょう。

こうしたことに早くから気づいていれば、食べるものに関しても、もう少し何とかできたのではないかとも思います。やはり、子供が何か強いこだわりを見せる時は発達障害の何かしらかの特徴のサインと受け止めて考える時間を持つことも大事だと感じました。

嗅覚に敏感である

五感の中でもう一つ敏感なのが「臭い」です。小さな時から、チーズもピザ屋で食べるチーズは食べられても、強い臭いのするチーズは食べられませんでした。牛乳も臭いがダメです。また、マーガリンは大丈夫でもミルク臭の強いバターはダメでした。

場所の臭いにも敏感で、コンビニエンスストアのいろいろな食品が混じったような特有の臭いや、ファーストフードの店内にこもった臭いもダメです。ですので長男の好みに合わせられるように、外食に行く時は、いろいろなものが選べる飲食店にしています。であれば、きっと何かは食べられるかなと思うからです。

この程度であれば、母親が配慮してあげればクリアできる範囲でした。そのせいもあって、まさか発達障害の特徴であることに気づくまでには至りませんでした。もっと顕著であれば、気がつくのも早かったと思います。

あくまで長男の場合の一例に過ぎませんが、発達障害には様々な特徴があってそこに気づくまでにはある程度の時間と経験が必要になります。ただ、知っているのとそうでないのとでは、気づくまでに要する時間も違いますので、これらの話が少しでも参考になればと思い、お伝えさせていただきました。

まずは、お子さんが持っているこだわり、お子さんが苦手とするもの、得意とするものを受け止め、そして寄り添ってあげること、そうすることでより早く、より多くのことに気づいてあげられるのではないかと、今では思っています。

子供の行動にイライラしたとしても

発達障害の子供と向き合っていると、どうしてもイライラしてしまうことも多くなります。自分との感覚の違い、こだわりや、できること、できないことの違いがどうしても出てしまうからでしょう。では、どのようにそれを受け止めると、イライラを減らすことができるのでしょうか。

お母さんの試行錯誤で、子供との日常生活を楽しく

例えば、先ほどの五感の敏感さも本人のせいではありません。同じような状況にあっても、それを子供と一緒に楽しんでいらっしゃるお母さんもいることでしょう。試行錯誤しながら、子供が気に入った物を見つける。それを遊び感覚で一緒に探せば楽しさも倍増します。

とは言え、食に関して言えば、子供にはきちんと食べてもらわなければ困ります。健康に生きてほしいですからね。臭いは避ければ済みますが、食べることは身体を作っていく根本ですし、食べなければ生きていけないので、こちら側も真剣です。

子供の状況が理解できるまでは、「せっかく作ったのに」という残念な気持ちが湧き上がることもあるでしょう。食が細くて悩んだり、周囲から「食べさせていない」「小さいね」「細いね」などと言われたりすると、自分が子供に食べさせていないように思われてしまっているのでは？　と、その言葉を真に受けて思い悩んでしまう場合もあると思います。

仏教用語に、『衆生所遊楽（しゅじょうしょゆうらく）』という言葉がありますが、これは、人間がこの世に生まれてきた理由は「楽しむため」だという意味です。我が子がＡＤＨＤの場合には、その行動にイライラすることも多いでしょうし、すぐに楽しむということは難しいかもしれません。それもこれも、全てひっくるめて楽しんでしまえる母親になっていけるといいな、と思うのです。その一歩が、「子供と一緒に遊び感覚で」ではないでしょうか。

片付けられない

私は片付けに対してこだわりがありました。子供の頃の記憶では、自宅はいつも散らかっていて、友達の家に行くときれいに片付いているお宅ばかりで、羨ましく思ったものです。母は片付けられない人でしたが、父親は潔癖性でしたので、母と父は喧嘩ばかり。それを見ていた私は「それなら片付けをすればいいでしょう」と親を反面教師にして小学生の頃からずっと片付けをしていました。ただ片付け方を知らなかったので、積み重ねるだけでしたが。

収納術が流行って「立てて収納する」コツを知ってからは、片付けにハマりました。断捨離の前に収納から入りましたので、今は処分することが大変です。やがて自分の片付けへのこだわりが、子供が片付けられないことに対してのイライラにつながっていったのです。子供との生活では、片付けができないことが苦痛のタネとなったのでした。

ＡＤＨＤの注意欠陥には「片付けられない」という側面があります。一旦モノをどこかに置いてしまったら、そのことを忘れてしまうのです。特に引き出しや戸棚の中など、目に触れない場所にしまい込むともうダメです。だから忘れ物やなくし物も頻繁です。また気が散りやすく、いつものことなのに忘れてしまうなどの特徴もあります。小学生の頃は、朝持たせたおにぎりがずっとカバンに入れっぱなしだったり、高校生になっても部費を納め忘れたりすることもありました。

ＡＤＨＤの長男が、洋服だけでも片付けられるようになったきっかけは、服が好きになったことでした。大切にしている洋服をハンガーにかけるようになったのです。それを一個一個きれいに並べてかけていました。まるでどこかのショップのように。「すごいね、お店屋さんみたい」と言うと、それ以降片付けができるようになったのです。要るモノ要らないモノも自分で判断できるようになりました。でもこれは好きだからこそ、できることなのだと思います。

例えば、幼い子供の洋服や持ち物は全て親が用意したものですから、自分が選んだものではありません。自分の好きなものでもない。だから執着もなければ、片付けも上手になれない。長男は自分で服を選ぶようになってから変化していったのです。

翌日の学校の時間割を揃える準備については、小さな時から干渉をしなかったせいか、自分でできていました。自分の責任で準備すれば、忘れ物があっても全て自分のせいですから。きっと自分で忘れ物をして困ることが多くて、できるようになったのかな？　と感じています。

しかしながら部屋の片付けについてだけは、自分のこだわりがあり、子供が片付けられないことにイライラしていました。成績の悪いのは、片付けができないからだ、とさえ思っていましたし、整理ができないから頭の整理もできていない、大事な物をジャンル別に分けられないのも、整理ができていないからだと思っていたのです。

今思えば、私自身のこだわりのほうがきつかったのかもしれません。あの手この手で片付けさせようとして、うるさい母親だったと思います。ＡＤＨＤとわかってからは、あまりうるさく言わずに、一緒に片付けたり、声をかけたりしながら、なるべくモノをたくさん持たずに自分で管理できる量を考えたりしています。

何度声をかけても片付けられない。モノの場所を決められない。忘れ物が多い。モノを置きっぱなしにしても気づかない。この辺りがずっと続くようなら、ＡＤＨＤを考えてみてもいいのかもしれません。

朝に起きられない

長男には朝起きられないという特徴があると前にも書きましたが、理由は夜が遅いから。ストレスを抱えていた時は、アトピーも発症していてかゆみがひどく眠れずにいて、睡眠不足だったこともありました。今は睡眠もとれているようですが、「朝は苦手」と長男は言っています。時間を過ぎて起きてこない時には、起こしにいきます。「起きる時間が過ぎているよ」と言えば、今は1回で起きてくるようになりました。自分で起きることができた時には「起きれたね」と、できたことを認める意味で褒めることにしています。

中学2年生の頃になって、ようやく自分で起きられるようになったのですが、そうなるきっかけを作ったのは「子供に私を起こしてもらう方法」です。起こしてもらえるまで、私は布団からでないと決めていました。

今は私が朝早く仕事に出るので、必然的に自分で起きないといけません。「『明日遅刻するかもしれない』という緊張感から、きっと起きられるよ」と言ってあげると、本当に起きて仕事に行けるようになりました。

他に、起きられない子供に対して効果があると紹介されていたのは、「親が子供の布団に入っていけば、子供はそれが嫌で逃げ出すように布団から出てくる」という方法です。これは思春期以降の子供に対しての話で、嫌がって無理やり起きられるようになる、というものです。我が家でもやってみましたが、長男は全く気にすることがなく、効果はありませんでした。

子供が朝起きることができないのは、発達障害であるないに関わらず、どこの家庭でも大変であることには変わりありません。朝からイライラしてしまうお母さんも多いでしょう。自分で起きられるようにするには様々な方法があるようですが、最終的には自己責任という流れに持っていくことにつながるのではないでしょうか。

得意なところから、興味のあるところから始める

長女もあまり片付けは得意ではないのですが、文房具が好きで、中でもペンをたくさん持っています。そこで、整頓するためにペン立てを買ってきました。すると机の棚をショップのようにきれいに片付けることができたのです。やはり自分の興味あるモノから、片付けは始めるのが効果的なようですね。

このように興味を持ったものはとことんやらせるのがいいと感じています。現代の

教育はだいたい時間で管理されています。「限られた時間の中でこれだけのことはやる」ということも必要だと思いますが、時間で管理する以上に、好きなことは「とことん」がいいのではないでしょうか。例えば「計算してみたい」のであれば、ずっと計算させてみるのも大事なのだと思います。時間で区切られると、せっかくの関心ごとが切られてしまいますから。

そうして得意なことや興味のあることに関してはどんどん伸ばしていく、そして子供が楽しく取り組めることが増えてくれれば、お母さんのイライラも減ることにつながっていくのではないでしょうか。

周囲に理解が得られなかったとしても

これまでにいろいろと発達障害の特徴としてエピソードをお伝えしてきましたが、これがなかなか周囲の人たちに理解してもらうのが難しいのです。

限度がわからないから、周囲から理解されにくい

長男が中学1年生の時に、クラスメートが持ち込み禁止のものを学校に持ってきたことがありました。そのことを、長男が同級生に「持ってきたらいかんとよ」としつこく言い続けたようで、そのうちにその同級生が怒りだして、長男の胸ぐらを掴んでボタンが弾け飛んだ、という出来事がありました。

そういった感覚というのか、限度がわからないというのが、子供を取り巻くトラブルにつながっていく場合があります。本人も「しつこく言ったから」と言っているように、あとで考えれば自分でもわかるのです。持ってきてはいけないモノを持ってくる人が悪いのですが、そのことを指摘するしつこさの限度がわかりません。

約束を忘れてしまうことも

成長するにつれ、長男が友達との遊びの約束や、待ち合わせの約束を忘れてしまうことはあっても、幸い問題は起こりませんでした。子供同士であっても約束をすっぽかされたほうは気分のいいものではないと思うのですが、忘れた長男にはまったく悪

気がないのです。しかし待たされたほうにすれば「悪気はない」では済まされません。そこで周囲からＡＤＨＤの脳のクセの理解を得られているかどうかが重要になります。

きっと長男は、その約束よりも他に興味が向いてしまったのでしょう。別のことに心を奪われている間に約束を忘れてしまったのです。逆に長男は、自分が友達に約束を忘れられたとしても、それに対して怒ることはありません。約束を破られたり、待ち合わせに忘れられたりしても、怒りはないようです。

忘れっぽいというのであれば、メモをするなり何らかの工夫をすればいい、と思ったこともありましたが、子供のうちはメモしたことさえも忘れてしまいます。それほど、別のことに興味を持ってしまうと、そちらに気持ちがいってしまうのですね。親がそばにいれば、覚えていたりメモしておくこともできますが、学校での約束は親にはわかりません。とにかく、何かしら工夫を考えつつ、決して悪気はないということを周囲に理解してもらう努力が必要だということです。手っ取り早いのはやはり、自分の子の特徴を、周りの人に話しておくことでしょう。先生やお母さん方に、です。

例えＡＤＨＤなどの診断を受けておられなくても、「うちの子の個性」として「何でもよく忘れるんです」などと伝えられるといいですね。

しかし、約束を忘れないという人が、自分との約束を忘れられると、自分をないがしろにされた気分になるのは自然の流れです。自分は相手を大事にしているし、大事にされたいとも思うでしょうから。ですから、長男が約束を守れないことに関して、周囲のお母さん達から苦情を言われてしまうこともたびたびありました。当然ですよね。

長男が中学生になってからは、登校して、授業、部活動と日々のルーティーンが決まっていましたので、友達と遊ぶということもほとんどなく、この件に関しては周囲の理解に悩まされることはありませんでした。

ネガティブにとらえる日があったとしても

発達障害の個性と向き合っていると、どうしてもネガティブに捉えてしまうことも多々あるでしょう。しかし物事にはプラスとマイナスの両面があることを知ってほしいのです。

発達障害の診断を受けてから

発達障害とわかってからは、学校にも伝えて配慮してもらえるようになりました。今は卒業して就職していますが、職場で理解してもらっているのかは私にはわかりません。もうそれは気にせずに自分で乗り越えている様子です。休憩中の交流もあるようですし、休日には食事に出かけ、ご馳走してもらったこともありました。

発達障害と診断されてからは、私の気持ちもいくらか楽になりました。某大手新聞社にも投稿していますが、発達障害について周りに理解を求めるきっかけをつくるのが今の自分の役割だと思っています。その一つの取り組みとして、子育て支援カウンセラーとして活動する傍ら、障害者サポーターの研修を受け、障害で周囲の理解が得られずに困っている方々のお手伝いもしています。

私は「発達障害」に対して、特に強い思いもなければ、差別も感じていません。その背景には、重度の身体障害者になった父の存在が大きいと思います。父は私が高校生の時に交通事故に遭い、右足膝下を切断して義足をつけました。当時の義足はまだ今ほど機能性も良くなくて不自由していましたので、家族で介護を続けてきました。

そのおかげもあり「障害」についても悪いことだとは思っていなくて、ある意味で「個性」として受け止めてきました。子供の発達障害がわかったときにも「原因がわかって良かった」と思えましたし、コミュニケーションがうまくいかなくても「本人に悪気がない」ことを周囲に理解してもらえれば、大目に見てもらえると思えました。

そして今ではむしろ、個性が強いことが普通だとさえ思えるようになりまして、ADHD、発達障害であろうとなかろうと、皆が同じに授業を受けて時間どおりに決まったことができて、同じように進んでいるわけがないのです。個性があって当たり前、個性が強くてもそれが普通、そんなふうに思っています。そう思うと気持ちも楽になりますよ。

長男は成人しましたが、何も困っていないと言えば嘘になります。ただ、もう親である私達は大きく手を貸すことはありません。通勤はルーティーンですし、仕事もそういうものを選びました。忘れないための対策として、スマートフォンで「写真」を撮って自分で管理しているようです。

ネガティブに捉える時にどうするか

「発達障害」も今では、社会的にかなり認識されるようになりました。長男が診断された中学3年生の当時でも、ある程度理解は深まってきていましたが、もしもっと早い時期、幼稚園や小学生の時に診断されていたとしたら、理解のない人達に一から説明を始めるのは大変だっただろうな、と思います。

近年では、雑誌でも大人の発達障害が取り上げられることも多くなりました。それだけ悩んでいる人が多いのだと思います。でも発達障害と言われる人が増えれば、社会における「発達障害」に対する認識もさらに変わっていくでしょう。「障害」は特別なことではなくなり、どんな特徴があるのかということを知る材料として考えられるくらいになるはずです。

何か特徴（個性）があると「あの人は発達障害じゃない？」と言う人がいますが、「そんなことはどうでもいい」と今は思えるようになりました。「障害」というと「足りないものがあるかもしれない」と思われがちですが、実はその分、他に発達しているところがあるのです。「発達障害」の「障害」という言葉は、適切なのかどうかも疑問に思い始めています。

いずれにせよ、一つの物事にはプラスの面もマイナスの面もあって、どちらを見るかによって、捉え方も変わっていきます。ネガティブに考えがちな人は、プラスの面を見るクセを自分につければいいのです。人がネガティブに物事を捉えるときには、マイナスに視点が入ってしまっていますが、その逆のプラス面に視点を向ければ、ネガティブはなくなります。そのコツとして、まずは一度、ネガティブな感情を受け止めて、感じることにします。「ああ、自分はこういうことが嫌なんだな」と感じてから、「でもこんな風に考えられたらいいな」という流れをつくるのです。常にネガティブな感情のもう一方を探すクセをつけるということです。例えば「悪口を言われて落ち込んだ」のであれば、「悪口を言う人は、私を鍛えてくれている」とか「悪口を言う姿はみっともない、と教えてくれている」といった、プラスの面を見つけ出すことです。

そういう意味でも、心療内科の先生が言われた「悪気はない」という言葉、これに私はずいぶん救われました。発達障害だからこそ出てくる「個性」の良い面を見る、それができるようになったのです。まさしく私にとっては心が軽くなる「魔法の言葉」でした。そしてその「悪気はない」ことを理解してくれる人を周りに増やすこと、つまり発達障害の個性を理解してくれる人を増やすことで、余計な問題が起こる確率をぐっと下げることもできますし、お互いが嫌な思いをすることも減らすことができるのです。

とても簡単な一言かもしれませんが、この「悪気はない」という言葉を、覚えていていただけたらと思います。

第3章

お母さん、心のケアはできていますか？

母親だからと、自分を犠牲にする必要はない

「子供のせいで」と言っていませんか？

ここは、子供に発達障害がある、ないに関わらず、子供のためだけに生きているお母さんは多いな、と感じます。もちろん子供は大切ですし、子供を授かることで多かれ少なかれお母さんは子供のために時間も頭も使います。それが当たり前で何も思わずに生きるお母さんもいらっしゃいますよね。

私が思うのは、少しでもお母さんの心の中に、「子供のせいで犠牲になっている」という気持ちが出てしまうことが問題だと思うのです。カウンセリングをしていて、お母さんの言葉の端々から、「○○してあげているのに」「子供のために」「子供が欲しいと言うから」など、我慢している、恩着せがましく感じたときは、要注意。

「長男が『○○に行きたい』と言ったので、日曜日は溜まった家事をしたかったけど

連れて行ったんです。でも行ったら人が多くて思っていたことができなくて機嫌が悪くなって。『これだったら、家でマンガを読んでいたほうが良かった』って言うんです。腹が立ちませんか？」
「長女が○○を欲しいとねだったので、家計を気にしつつも買ってあげたのに、一向に大切にする気配がない。『何なの、せっかく買ってあげたのに』とイライラしてしまいます」

など、どの家庭でもあることかもしれませんが、それが重なると心が疲弊するお母さんもいることでしょう。

私は常に、「お母さんは子供の犠牲にならないでください」とお伝えしています。「我慢」や「犠牲」は、お母さん本人だけでなく、子供へも良い影響を与えないからです。いつの間にか、子供に向かって「あなたのためにやってあげているのに」と恩着せがましくなってしまったり、「あなたのせいで」「あなたがいなかったら」などと、子供の人格を否定してしまうことにもなりかねません。では、そうならないためには、どうしたら良いのでしょうか。

まずは、子供のためと思って、自分のことを後回しせずに、子供優先で考えることを手放しましょう。例えば、自分が買いたいものがあるなら買いましょう。自分が行きたい場所があるなら、行ってしまいましょう。もし、それができないなら、「子供のため」と思わないようにしましょう。お母さん自身がそうしたいからしているのです。

実際私は子供たちに、「あなたのためを思って」と言ったことは一度もありません。長男の夏休みの宿題を手伝った時でさえ、私のためにやっていました。子供が宿題をしないことを恥ずかしく感じていたのです。自分の子育てが問われると思っていました。長男にも「これはお母さんのためだけんね」と言いました。

自分が変わると、周囲も変わった

私自身も、昔からそうできていたわけではありません。全く自分優先にはできていませんでした。長男と向き合う中で、「私はいつも我慢している」「私ばかりが長男と向き合っている」「私がイライラしていることが子供に伝わっていない」などと感じていました。今思うと、「犠牲になっている」と思うから、子供に対して苛つくのですよね。子供にもずいぶん負担をかけていたんじゃないかと思います。

その私が、「自分優先」でいこうと思ったのは、熊本地震・集中豪雨があってからです。被災後、価値観が大きく変わりました。「私は何を我慢しているんだろう？ なぜ自分で自分のことを満たしてあげられないんだろう？」と、自分に問いかけました。

それから私は、自分のやりたいことを優先するようになりました。自分自身の学びを深めたり、「本を書きたい」と思って記事の書き写しをしたり、ブログも始め、カウンセリングの仕事も始めました。子供は私の変化に驚いていましたが、不機嫌な母親の顔を見なくなって嬉しそうでした。自分では気づきませんでしたが、かなり穏やかになったそうです。子供自身ものびのび過ごすようになりましたね。

子供たちの様子を見て、私が変わることで周囲も変わるということを体感しました。思春期の長女とは一時期ギクシャクすることもあったのですが、だんだん学校のことを話してくれるようになったり、進路を相談してくれるようになったり。学校の先生にもそれが伝わっているようで、子供に「お前のところは、よう考えてくれとるし、お前の気持ちも分かってくれとるけん、お母さんに相談してみれ」と話してくださったそうです。先生までも信頼してくれている状態になるまで、周りに伝わっていたのですね。被災はつらい経験でしたが、私の人生観が変わるほどの大きな意味がありました。

シャンパンタワーの法則

以前、ある方から「シャンパンタワーの法則」を教えていただきました。心理学の学びですが、シャンパンタワーを作って一番上のグラスにシャンパンを注いでいくと、順に下のグラス全てに行き渡りますよね。当然ですが、真ん中のグラスに注いでも、一番下のグラスに注いでも、全てのグラスには行き渡りません。それと同じで、まずは自分を満たさないと周囲の人も家族を満たすことはできないと教えてくれています。

私はその考え方が好きで、まず自分を満たして、家族を満たして、周囲を満たして、それが繋がっていくといいなと考えています。相手を思いやる気持ちはとても大事ですが、その前提として自分が満たされていることが大事。自分が満たされているから、相手に何かしてあげようと思うのでしょう。私は自分が満たされていなかったから、どうしても人の欠点が気になったり、自分が満たされていない分、負の感情が誰かに向いてしまっていたのだと感じます。

自分が満たされるためには、前述しました「プラス」の面を見るクセをつけること。さらにはお子さんが持って生まれた「使命」を感じて何を教えてくれているのかを考えることが大切です。これらがやがて「感謝」の気持ちに繋がっていき、自分が満たされることになります。

わかりやすく言いますと、例えば「蛇口から水が出る」これは意識してないと「当たり前のこと」ですが、ひとたびトラブルが起こると水が出なくなり、これが当たり前ではなくなります。この時に、ただただマイナスのことを考えるのか、あるいは、普段水が出てくれていたことの感謝に気づけるのか、起こったトラブルの意味を見いだせるのか、ということです。この違いによって、「不平不満を抱えて満たされない自分」になるか、「トラブルの意味を考え、日頃の感謝を感じることができる自分」

になるか、が決まってきます。後者になれれば、自分が満たされ、周りの人を満たしていくことができるようになります。つまり、愚痴をこぼす人ではなく、人を励ませる人になれるのです。

また歳を重ねるごとに、その感覚は大切なのではないかと感じています。それは、現在私の母が二度目の脳梗塞を起こして入院しているのですが、残念ながら会話をすることができなくなりました。ですから、これまでの母の言葉を思い返しています。常に周囲に感謝の気持ちを持って過ごしていました。母こそ昔の人で、自分を犠牲にして家族を守ってきたような生き方をしてきました。一度目の脳梗塞を発症したあとは、不自由なこともあったでしょう。それでも「幸せ」「生かしてもらってる」「もし、お母さんが亡くなっても悲しまんでいいけんね」「人生ちゃんと生きたから、十分満足しとる」「助かるよ、ありがとうね」と感謝の言葉を口にしていました。自分が満たされると、どんな状況であれ感謝できるのだと教えられました。私の目指すところです。

自分を責めないことから始めよう

自己否定はNG

どうしても、「私なんて」と考えてしまいがちな人が多いと感じます。これまでの学校教育では、全員が同じことを一斉にし、競争させられ、比べられてきました。他の人ができることを自分ができないと、自分も周囲も責めがちというか、「どうして、できないの？」という目で見てきたというか。

今でこそ、学校での評価は「絶対評価」になっていますが、以前は「相対評価」で、クラス「5」は何割、「4」は何割と段階別に分けられていましたから、そういう中で生きてきた世代は、どうしても「やっぱり自分なんて……」という感情を持つ人も多いと感じます。でも長女に言わせると、そうした成績判断も結局は人がしているのだから、気にしなくていい、ということなのです。特に音楽や美術などは感覚的なものも含まれますのでなおさらです。また、例えば、鉄棒で逆上がりを何回もできることを良しとするのか、1回できるようになるまでの懸命な努力を良しとするのか、ここも判断する人によって変わってくるところでしょう。また今どきの通信簿には先生からのメッセージ欄がありますが、これも使う言葉ひとつで伝わるニュアンスが全然変わってきますので要注意です。例えば「ひょうきんもの」と書かれるのか「お調子者」とかかれるのかで、伝えたい側と受け取る側で違うイメージを持つことになるでしょう。プラス面なのかマイナス面なのか、どちらを感じるかで全然違います。いずれにしても、こうした評価さえも、所詮は一個人の判断ということです。それが全てではないのです。

そもそも「自己否定」は、生きていく上で何も良いものを生みません。まずは、自分のありのままを認めてほしいのです。人間は完璧ではないので、良いところもあれば悪いところもあります。その悪いところも認める。悪いと思うだけであって、良いところに変わることもあるし、良いと思っているところが悪いことに変わることもあるわけです。両面、表裏一体で、物事をどう捉えるか、ということです。

２０１６年６月、熊本地震のあとの集中豪雨で、実家が床上浸水の被害に遭いました。独り住まいの母は高齢ですから、復旧作業は私がするしかありません。自分の生活に加えて、すべてをやりこなす自信はありませんでしたので、パートを休職することにしました。

その間に、何気なく新聞で見た書籍の広告がとても気になり、買うことにしました。それが「さぼてんねこのさぼにゃん～こころのアカをおとす本～」（戸田充広著）です。読んで癒され、元気になり、主人公で頭にさぼてんが生えているネコ「さぼにゃん」の大ファンになりました。

心を整えたいときは、決まってこの本を開くようにしています。特に励まされるのは、「いまはちょっと、しゃがんでいるだけ」です。それは「今より高いところにジャンプするために」しゃがんでいるのであって、決してダメな状態ではない、ということなのです。

当時も作業をしている現実には心が折れそうでしたが、希望を見出すきっかけになった言葉でした。目の前の問題ばかりにとらわれている時は、少し先を見据えるなど視点を変えてみると、心が軽くなるものです。関心を持っていると必要な情報が目につくように、自分がどうしたいのかアンテナを張っておくと、答えも見つかります。自分の考えだけでは抜け出せずに悩んだ時は、自分より先を行く人たちの思考を借りるといいですね。それが知恵になり、勇気になりますから。

発刊されているさぼにゃんの第2弾『宇宙のリズムにのっかる本』(同)は、プレゼントとして選ぶくらいに気に入っていますし、続くシリーズ第3弾の、『しあわせ回路をつくる本』(同)が届いてからは、ブログの記事を「幸せ」で終わるようになりました。おかげで毎日の出来事で味わう感情の全てを、「幸せ」に結びつけるという積み重ねができています。

この「さぼにゃんシリーズ」はきっと、あなたの心を癒し、励ましてくれることでしょう。

感情を味わいつくす

長男を見るとき、周囲の反応を見て、私自身も「自分の育て方が悪かったのかな？間違っていたのかな？」と思いました。どうしても周囲の目が気になるので、「しつけがなっとらん、と思われるのは嫌だな」と思ったり、「これだけ頑張ってやっているのに、誰もわかってくれない！」なんて感じたり、長男が小さい頃は感情が動きまくっていました。

以前は、その感情を消化しきれない自分がいたんですね。今は、嬉しい、悲しい、怒っている、不満に思っているなど、一つ一つの感情を受け入れて感じきる、ということをしています。感じきるというのは、うやむやにしないということ。感情を大事にすること、自分に寄り添うと言ってもいいかもしれません。


例えば、誰かに長男の行為を責められたとします。その時の感情は、

「長男も悪気があったわけじゃないし」

「私の育て方が悪いって言われた気がする」

「頑張っているのに、責められてくやしい」

「長男にも申し訳ない」

「モヤモヤするし、イライラする」

などがあったとします。


感情自体に良い、悪いはないので、一つ一つの感情を感じきって味わいつくします。

それが、自分に寄り添うことにつながります。すると、人ってそうそう長い時間一つの感情に執着できないんですね。お母さんは日々忙しいので、すぐに別のことをしないといけなかったり、電話がかかってきたり、子供に話しかけられたり。

マイナスな感情も、悪いものとは思わないでください。「臭いものに蓋をする」ではないですが、なかったことにしようとすると、身体に感情が溜まってしまいます。溜めていくと、それがストレスとなって、いつか爆発してしまいます。

感情を味わうことで、「今、私はイライラしているんだな」「何に対して怒っていたんだろう?」「くやしい気持ち、覚えておこう」と、冷静に受け止められるようになってきます。感情を味わうことを繰り返していくと、自分の心のケアができるようになって、落ち着いて過ごせるようになっていきます。

人は感情の生き物ですから、簡単にはいかないかもしれませんが、私の場合は、感情を感じきることを繰り返すことで、「あー、もう、どうでもいいや」と開き直れるような感覚になっていきました。お勧めなのは、例えば夫や家族、周囲の人に向かって、怒りにまかせて悪い言葉を言いたくなってしまったとします。そのときは、心の中でいったん言ってから、「言いたくもなるよね」または、「なーんてね」と心の中でつぶやきます。これは脳科学者が言われていたのですが、脳はいったん言った言葉や思ったことに対しても、否定するとなかったことにしてくれるそうです。私は「良いことを聞いた!」と、知ってから腹の立つことがあって、つい言いそうになった時は、脳内で否定するようになりました。人間ですから、言いたくなるときもあります。でも、脳で否定できるなら、自分を責めなくていいですよね。

まずは、自分を好きになることから

あとは、理想の誰かを見つけることもお勧めです。「理想の女性像」でもいいですし、「理想の母親像」でもいいかもしれません。もちろん、比べて自分を責める対象にするのではないですよ。自分自身が楽しく前向きに「あの人のようになりたい」と思える人を見つけると、良い意味でその人のようになれるように努力できる、というメリットがあります。

もう一つ、自分自身の良いところ探しもお勧めします。自己否定をして、「私なんて」

と思っている人は、最初は難しいかもしれませんが、子供の良いところは見つけられるでしょう？　その子供を育てたのはお母さんですからね。絶対に素晴らしいところがたくさんあるはず。まずは、自分を好きになってください。

自分を褒めることが苦手な人は、人のことを褒めるところから始めてみましょう。誰かを褒めると、あなたのことも褒めてくれるようになります。人は褒められると嬉しいですから。褒められると、自分の良いところがわかってきますよね。そうしたら、堂々と自分のことも褒めてください。要は、お母さんが現状をどう捉えているかだと思うのです。それによって、お子さんへの対応も変わってきます。まずは、お母さんがご自身のことを認めてもらい、そして今度はお母さんがお子さんのことを認めていく……。そのサイクルを作っていきましょう。

自分を褒めたら、きっと自分のことを否定することはなくなります。もちろん、責めることもなくなってくるでしょう。自分をいじめないこと。自分のことを良い、悪いでジャッジしないこと。私の好きな言葉に、『人は長所で尊敬され、欠点で愛される』というのがあります。人には欠点が欠かせないんです。それって、素敵だと思いませんか？
自分を責める暇があったら、良いところ探しをしましょうね。

『響育』で日々の積み重ねを

子育ての指針になった『響育』

長男が小学3年生の時、私が出会った言葉があります。それが『響育（きょういく）』という言葉。「教育」という言葉は、これ以外にも『共育』『協育』『郷育』などの当て字で表現されることがありますね。それぞれに意味があると思うのですが、私の心に響いたのは、熊本日日新聞で特集されていた、『響育』です。

『響育』とは、大人も子供も共に育っていく、心に響く、教えを日々重ねて続けていく教育のことを言います。私自身の解釈は、親子の心の通じ合い、親子がお互いを思いやり尊重し合う、そういう中で子育てができたらいい、と考えています。共に育ち合う感じでしょうか。

「子供達は未熟だから、大人が教え、導かなければならない」そういう声をよく聞きますし、実際そう考えている人が多いのではないかと思います。しかし、そこに「教育」が『恐育』や『脅育』に変わってしまう落とし穴があることに気づきません。子供が未熟だと思えば、強制的な教えになっていきます。本当はどういう子供に育てるのかが一番大切なのに。大人にとって自分の指示通りに動き、子供が問題を起こさないということに摩り替わっていきます。実際にはすり替わったことすら気づかないのですが。

この言葉を知ってから、『響育』の考え方を忘れず、親子共に成長していくことを心がけるようになりました。長男には理解している、していないに関係なく、私の考える人生哲学を話すようになりました。日頃から私が大事だと感じていること、物事の考え方、社会で生きていくために必要だと思う知恵などです。ある日、長女が4歳の頃に何気なく「一番大切なものは?」と聞いてみると、「心」と答えたんですね。

日頃の長男との会話をよく聞いているなー、と感心しました。

その中で感じたのは、小学生も社会人としての要素を持っているということ。自分で考え、最善を尽くす。そんな行動を子供でもするんです。大人顔負けですよ。子供を尊敬するシーンは、きっとたくさんあると思います。

自分が親として伝えたいこと、これはずっと話し続けて、時には紙に書いて、新聞記事で良いものを見つけたら切り抜いて、長男が10歳になった時に、1冊のノートにして、「この先の、人生に迷った時に読んでね」と渡しました。

今でも、この『響育』の考え方は心に残っていますし、自分の子育てが『恐育』『脅育』にならないように気をつけています。子育ては日々の積み重ね。親子共に成長する子育てを忘れないようにしたいですね。

子供にお礼を言ってほしくなった時はどうする？

合言葉は、「どういたしまして」

「大人だって完璧ではない」と思うのは、やっぱり自分のことを認めてほしい時でしょうか。私自身はわかりやすくて、「ありがとう」を言ってほしくなるのです。ですが、私の性格上、「ありがとうと言いなさい」とは子供に言えません。自分がそう言われると何だか押し付けがましく感じるので、そうは言えないんです。それぞれの家庭の教育方針で、「何かをしてもらったら、『ありがとう』を言いなさい」と教えてらっしゃるところもあるでしょう。「ありがとうは？」と言うと、なんだか求めているような気がしないでもありません。「ありがとう」というのは、本来は感情として湧いてくるものですから。

私達夫婦は、互いに「ありがとう」を良く言います。コミュニケーションの一つだと考えています。どんな小さなことでも「ありがとう」と自然に言います。そこに子供たちが「ありがとう」を言わないと、不自然というか違和感があるのです。ですが、これがまた子供たちが言わない！　わかっていない感じかな？　例えば、何かを取ってあげた時とか、勉強を手伝った時など、私は「ありがとう」の言葉が欲しいんですね。子供たちはそれを当たり前とは思っていないでしょうけど、自らが「ありがとう」と言うことが習慣にはなっていません。というか、そこに心がいかないという感じでしょうか。

そこで私は、考えました。子供たちに「ありがとう」と言ってほしい場面では、先に「どういたしまして」と言うように。自分が誰かに「ありがとうございます」と言われたら、必ず「どういたしまして」と言っていたので、それを先に言うことにしたのです。何かを渡す時も、学校に送っていく時も、勉強を手伝う時も、夜食を作った時も、先に「どういたしまして！」と言いました。最初はポカンとしていた子供たちですが、それにつられてなのか、「ありがとう」と言うようになりました。

そのことを、いつだったかブログに書いたんですね。すると読者のかたがメッセージをくださって、「我が家でも子供がなかなか『ありがとう』を言わないので、実際に試してみました。私が先に『どういたしまして』と言ったら、『あっ！』という顔をしながら、『ありがとう』と言ってくれましたよ」と。嬉しかったですね。

強制的な「ありがとう」はダメかもしれませんが、子供が誰かに何かをしてもらったら、自然に「ありがとう」を言える人になってほしいですよね。どの親でもきっとそう思うのではないでしょうか。この方法がいいのかどうか、それはわからないですが、私は自分自身を認めてほしい時に、こんな方法で「ありがとう」を言ってもらっています。少しずつ、「ありがとう」を先に聞くことが増えてきましたし、私はこれからもどんどん「ありがとう」を伝えていくつもりです。子供たちにも、自然に感謝の気持ちが湧いて、「ありがとう」が言える大人になってもらえるように。

ストレスを感じた時の対処法

家が片付かないストレス

私自身のストレスは、家に人を呼べないことでした。本当は気軽に呼びたかったんですね。いつでも「どうぞ、どうぞ」と招くのが楽しみだったんです。常に人を呼べる場所にしたかったのが、できないというのが一番のストレスでしたね。

後述しますが、発達障害の特徴に、「片付けができない」というのがあります。そもそも片付けの概念がないというか。片付けても一時的なもので、安定して家の中が整わないのは、私にとって相当のストレスでした。誰かのお宅に伺うと、とても綺麗で、インテリアもセンスが良くて、そういう家を見るたびに、落ち込んだこともありました。反して長男は、「うちは片付いとる」と言いますからね、複雑な心境です。私の場合、子育て自体のストレスよりも、家が片付かないことのほうが、ストレスとしては大きかったかも？　と今では思います。

事前に分かっている時は大丈夫なのですが、それでも何かの機会に、急に人が来ることもありました。そんな時のためにカゴを用意していました。片付けができない時は、「とりあえずカゴ」を作っておいて、そこにいったん入れて隠すのです。普段も、収納場所全てにモノを入れるのではなく、スペースを空けておきました。例えば、引き出しのある収納だったら、一つの引き出しは空けておくのです。そうすると、いざという時にあまり散らかって見えないのです。苦肉の策ですね。「いつもきちんとしているね」などと言われると、恥ずかしい気持ちでいました。

他に、私が家事の中で「とりあえず」を作っているのが洗濯物です。一部屋を家族の洋服置き場にしています。とりあえずかけておくスペースも作っています。

そのための間取りが欲しくて、今の賃貸に決めました。12年前のことです。出番が多いものは、収納時間が省けます。各部屋に洋服を分ける手間も、なおす手間も省けます。特に子供が小さい時って、服を汚すことも多く、洗濯が一仕事になりますものね。

収納においても、家族それぞれの動線を見ながら、見直しています。片付けが苦手ならば、それに合わせた方法で対応すれば良いわけですので。私は、整っていることを基準にするようにしました。

ストレスも自身の成長につなげる

今思うと、ストレスを感じたものの対処法を考えて、工夫するというのか、そうすることでストレスだと感じないようにしていたような気がします。「いつも綺麗に」と思うとずっとストレスになってしまうので、「いつも綺麗に」と完璧を目指すのではなく、「こうしなければならない」という考えの枠を外した時に、意外とアイデアが湧くのを何度も経験しました。そうすると、人間が成長する時はストレスも必要なのかな？　と。何にも感じなかったら、それを乗り越えようとか、それを改善しようと考えません。毎日平穏にぼーっと過ごして、何の成長も感じられない日々になるでしょう。しかしストレスを感じるとそれを解消しようと考えたり行動したりしますから、それが自身の成長につながっていくことになります。ですから、ストレスは悪いことと決めつけないことも大事なのではと思います。

とは言っても、発散して解消できるストレスは、もちろん発散するほうがいいですよね。何をしたら気分転換につながるのか、自分自身のストレス発散方法を知っておくといいでしょう。ちなみに、私は大きな声で歌うとスッキリします。小さい頃の夢が「歌手になること」でしたから、そのせいもあるでしょう。散歩が気分転換になる人、ドライブが好きな人、買い物が好きな人、友人とのお喋りが好きな人、読書が好きな人、きっといろいろあると思います。自分が一番心地良いという状態にすることが、ストレス解消につながるのです。

どんなストレスも、単なるストレスで終わらせず、自身の成長につなげることができるといいですね。成長できると思うと、意外とストレスは悪者ではないのかも？そんな気がします。

第4章

発達障害の子育て「シンプルライフ」のすすめ

子供が思う通りに反応しないのは当たり前

自分が子供だった頃を思い出してみよう

育てるというのは、ゼロから作りあげること。私より少し年齢が上の方になると、子供のことを「自分の作品」だと思っている人も多いと感じます。「自分の所有物」だと勘違いしているから、上手くいかないと悩みます。そういう私もそうでした。「自分の評価」だと感じていました。中には、ずっと「所有物」という感覚を持ち続けているために、親離れ子離れができない人も多いです。自分の理想を子供に押し付けてイライラし、イライラを子供にぶつけて、自己嫌悪に陥る。その繰り返しに親子共につらくなる人も。

子供が自分の思い通りにならないと悩むお母さんは、自分が子供だった頃を思い返すといいですね。親に言われて押し付けられたことが、子供だった頃は嫌だったはずなのに、自分が大人になると子供にしてしまいます。私も大いに反省しました。

子育ての方法も、時代によって変わってきます。過去の子育ての方法が現代も正しいとは限りません。もちろん受け継ぐべき伝統もあります。私自身が親に教えられたこと、伝えられてきたことは、私の子育てとは違っていました。人も違うし、長男にはこだわりが多かったので当然なのですが。何でもやってみないとわからないものだと、つくづく思います。

長男が小学1年生のころ。朝から学校に行きたがらず、疲れているのか泣いてしまう日もありました。どうやら給食も苦手だったようで、こんな時は諭しながら、とにかく送り出すことにしていました。そのあと私はというと、長男の気持ちを受け止め、自分の子育てを振り返ります。自分のあり方だけにとどまらず、自分の親の子育ても振り返ります。正直、そこに欠けている部分が大切なことで、私が母親になって苦労していることでもあるからです。自分の課題を抱えながらの子育てだから「難しくなる」のかもしれません。

子供の反抗期についても考えてみましょう。あなたは親に反抗したことがありますか？　親に向かって、反抗的な態度を取ったことがありますか？　自分の子供が生意気な態度を取ったり、反抗的な言葉を使ったりした時に、「あの子は、あんな子じゃなかったのに。親に反抗するような子に育てた覚えはないのに」などと思ったことはないですか？　そう思うことがあったら、その時も自分自身の子供時代を思い出してみるといいですね。きっと何かしら原因があったはずです。

高校2年生の長男。朝は何度起こしても起きません。返事をした後も起きません。こんな日が続いていたため、ついに私が切れました。「無理して通わせよっとだけん、辞めたっちゃよかとばい。疲れとっとはお互い様たーっ。朝からイヤな思いさすんな」高校に通わせるのは、経済的に厳しい状況でした。そんな感情も苛立ちに含まれています。自分の高校時代と比べるものだから、余計に腹が立つことも分かっていました。長男に歩み寄るとすれば、部活動で遅くまで頑張っていて、片道10㎞を自転車で。帰りはほとんど登り坂ですから、余計に疲れていたことでしょう。今なら、接する気持ちにも余裕があります。けれど当時は、まず「遅刻をさせない」と厳しく思っていました。入学当初の進路は、就職を希望していたので、出欠も含めて重要視していました。そして自分と比べるパターンですね。ちなみに私が大学生のころ、自分で起きられない日がほんの何度かだけありました。そんなときは母が、「〇時よー」と声をかけてくれました。おかげで遅刻をせずにすむわけですから、私は必ずお礼を言っていました。私にしてみれば当然のことですが、母は喜んでいました。「感謝」の気持ちは、人間関係をスムーズにしますね。私はこれを長男に求めていたのです。

私の中では、「反抗期はない」と考えています。統計的に反抗する子供が多い年齢の時期が、「反抗期」と呼ばれているだけ。それは、第二次性徴期の自我が芽生える時期でもあります。私自身は、子供が小さい頃から、反抗期を見据えた子育てをしてきました。改めて感じたことは、親が子供に対して嫌なことをするから（親は、そんなつもりはなくても）、子供は反抗するんだな、ということ。必ず理由があるんですね。反抗する時期は、きっと子供それぞれに違うでしょう。もし反抗される時期を迎えたら、子供は自分の所有物ではなくて、自分とは違う人間なんだと認めると良いのではないでしょうか。

親は良かれと思って伝えていることも、子供にとってはそうではないことも多々あるはず。それが「違う人間」だということ。改めて子供を知ることで、発展的な親子関係を築けるかもしれません。

子育ては楽しむもの

私自身、子供を産む前は、子育ては楽しいものだと思っていました。私は子供が好きですし、一緒に遊んだりもできました。けれど、現実は違いました。「大変だった」ということではなく、自分で勝手に大変にしてしまっていたのです。子育てに対して、全てにおいて、「こうしなければいけない」という思い込みが激しかったのでしょう。教育とは、子供に対して親が全てを教えて、それをきちんとさせていくことだと思っていました。自分ができることは、子供にもできるようになってほしいという期待もありました。それは見事に裏切られましたが、今思えば、これも「子供のことを自分の思い通りにしよう」という考えですから。なかなか親も成長できませんでした。

ですが、子供の成長は本当に嬉しいし楽しいもの。振り返ってみると、もっと楽しめば良かったと心から思います。初めて立ったときや、歩いたとき、「お母さん」と言葉にしたとき、ランドセルを背負って力強く学校に向かっていくのを見たとき、それぞれのシーンに親は笑顔になったはず。いつの間に期待ばかりを押し付けて、子供が嫌がることをし始めるのでしょう。タイムマシンがあれば、昔の私を叱りたいくらいです。

もっと子育ては楽しめるはず。そう思いませんか？ 現代は核家族化が進んで、たった1人で子育てをしているお母さんも少なくありません。きっと、それも子育てを楽しめなくなった理由の一つでしょう。昔は大家族も多く1人で子育てをするなんて考えられませんでした。同じく地域で子供を見ることもよくある光景でした。現代は、周囲の人と一緒に子育てができなくなってしまいました。もちろん、地域によっては努力されているところもありますが。

長男の幼稚園時代の話ですが、優しい性格の長男のおかげで、お友達を預かる機会が多くありました。一人のお友達は、お母さんと離れて遊ぶのが初めてでした。母親同士、どうなるかと気を揉んでいましたが、お母さんとのあっけない別れに始まり、とても楽しそうに遊んでくれました。

お友達はその日の夜、眠りながら大笑いしていたそうです。夢の中でも二人で遊んでいたんですね。初めて子供を預けるお母さんは、さぞかし心配だろうと、二人の様子をビデオに撮っておき、翌日プレゼントしました。そのビデオを観ているという電話の向こうから、遊んだ時と変わらず大笑いしているお友達の声がして、とても嬉しく思いました。

また、こんなこともありました。預かったお友達をお母さんが迎えにいらしたとき、突然泣き出したのです。心配していると、帰りたくないと訴えていたのでした。そんなに楽しんでくれたとは。預けたお母さんたちも喜んでくれたわけですが、実は私も家事がはかどって、助かっていました。お互い様ということですね。

孤独なお母さん、子育てを楽しむために、ぜひ周囲の助けを借りてくださいね。うまく頼ることができない人は前述のように、頼られてみるのもひとつです。少しだけでも行動すれば、きっと助けてくれる場所や人は見つかります。1人では限界がありますから、無理はしないようにしましょう。お母さんの情緒が安定していれば、お子さんの心も安定します。

自分が育ってきたようには育たない

「インナーマザー」という課題

子育ての奥底を掘り下げていくと、私自身が親に対して、「こんな教育をしてほしかった」という思いがあり、自分がそうやってほしかったことを我が子にやろうとしていたことに気づきました。私が「子供時代に早く知っていれば良かった」と思うことを、我が子の子育てで大事にしていたのです。

これは自分の勝手な解釈で、「良い子育て」だと勘違いしていました。だって、長男は私ではないのです。私が喜ぶからといって、長男が喜ぶとは限りません。そんなことに気づけませんでした。「自分がこう育ちたかった」という思いがあったとしても、それを自分の子に押し付けないことです。「良かれと思って」ほど怖いものはないな、と今さらながら思います。

第3章にも書きましたが、私は片付けにかなりこだわっていたので、家が片付かないことがかなりのストレスでした。私自身が片付かない家で育ったので、何とか家を綺麗に保ちたいという気持ちがあったのです。私自身が「片付ける」という生活スタイルを習慣化されていたら、もっと楽で、子育てももっと楽しめたのに、という気持ちになったこともありました。

ここまで片付けに対してこだわってしまうのは、自分の親を反面教師として、「インナーマザー」が、私の中に根強くあったからでしょう。「インナーマザー」とは、二つの意味があって、一つは「母親から強く言われて、大人になっても言われたことから抜け出せないこと」。もう一つは、「母親がどうだったかに関わらず、自分が母親になったときに『こうあるべき』と考えている母親像のようなもので、それにとらわれてしまうこと」だと言われています。私の場合は前者ですね。「片付け」にこだわり、教育は家庭が基盤だという思いから子供にも教育しようとしましたが、発達障害が壁になり、自分の思ったようには教育できませんでした。

「インナーマザー」は、自分の課題です。子供には関係なかったのに、押し付けてしまいました。自分の課題だから、自分自身がつらく感じていたのです。

もしあなたも、このようなインナーマザーを感じているとしたら、その呪縛から逃れる事を考えたほうがいいでしょう。例えば、これはほんの一例ですが、スケジュール帳の最初（または最後）のページや、スマートフォンの待受画面など、すぐ目につく場所に、自分への質問を書き記しておくことです。自分への励ましでもいいでしょう。とにかく、自分が辛くなったときにすぐに見られるところがいいですね。書き記しておく内容ですが、例えば「あの本に書いてあったとおりに子育てをしたいの？」とか、「本当にそのやり方が気に入っているの？」など、あなたにとってそのインナーマザーのことを「本当はそうじゃない」と気づけるような質問がいいですね。

いずれにしても、子育ては本の通りにいきませんし、自分が育ったように育てることも難しい、ということを再認識しましょう。

考え方が変わった震災

私には、この「インナーマザー」が解消されたきっかけがあります。熊本県で地震が起こり、さらに集中豪雨が起こったとき、私の母は奇跡的に助かりました。この震災で多くの価値観がひっくり返ったのです。誰しもがそうだと思いますが、常識なんてあってないようなもの。全てのものがあっという間に消えてしまうのですから。被災した母を介護し、助けている時に、歳をとってもう何もできない、あと何年生きるか分からないという状況の中で、「片付けないとダメだよ」と厳しく言ったとしても、とうてい無理ですし、つらいだろうなと思ったのです。できないことを責められたら、人生楽しくないだろうな、と。だから母を見守ることにしました。

それでようやく、我が子も同じなんだと気づきました。子供だって、できないことを責められても楽しくありません。気づくのが遅いかもしれませんが、遅くても気づいた時がチャンスです。震災をきっかけに、私は考えがゴロッと変わり、母に対しても、子供達に対しても、考え方も接し方も大きく変わりました。私自身も「今を楽しむ」ようになったのです。ここでの価値観の変化は、私の人生に大きな変化をもたらしました。今は、ずいぶんゆるくなっています。夫も子供達も驚くくらいに。これまで、本当にガチガチだったのでしょうね。

そしてゆるくなったことで一番楽になっているのは、なんと私自身です。自分の人生を楽しめているのです。私が変わったことで、子供たちも自分の人生を楽しめているのではないかと思います。

子供の個性は十人十色、育児本のようには育たない

子育ては、親のエゴが出ることが多々あります。自分の育てられた方法でしか、子育てを学ぶことができません。それで子育て本を頼りに学ぼうとします。第1章にも書きましたが、子育て本に全ての正解が書いてあるわけではないので、自分に合ったものがなければ、また悩みが生まれます。そこで突き詰めていくと、「結局、人間って何だろう？　なぜ生まれてくるのだろう？」というところまでいってしまいます。親になるのは誰しもが初めてで、試行錯誤の中で子供と関わり、その中で正解ではなく、親子共に合った生きる方法を見つけていくしかないのです。

我が家も性格はバラバラ

子育て中に何かのきっかけで、自分の思い込みや子育ての課題に気がつくことがあります。少し我が家の長男と長女の違いを書いてみます。兄弟姉妹がいる家庭では、同じ親から生まれても、性格がまるで違う、ということは往々にしてあると思います。我が家もそうで、長男は「面倒なことからは逃れたいタイプ」、長女は「追い込みタイプ」

です。ちなみに、長女から言わせると私は「コツコツタイプ」なんだそうです。みんな違うのだから、親の思い通りにいくわけがありません。

長女は「追い込みタイプ」ですから、テスト勉強でも何でも、締め切りが近くなったら一気に進めます。「コツコツタイプ」の私からすれば、締め切り（ゴール）が決まっていますし、いずれやることになるのですから、早めにやっておけばいいのにと思います。そんな長女の様子を見ていると、自分が小心者なのか、ハラハラするときがあります。何でも余裕を持って物事を進めたい私と、ギリギリまで余裕がありそうにしている長女。長女は、母親である私と接している時間のほうがはるかに多いはずなのに、そういうところは主人に似ています。最近は長女のほうが大人で、「私はお母さんとタイプが違って、お父さんに似て気の毒かー」と。私も「お母さんの育てがいはなかったねー」と笑いながら言います。

そう考えたら、長女の「追い込みタイプ」は持って生まれたもの、個性なのだから、それに振り回されるのは、こちらが損だとようやく感じるようになりました。このシンプルなことに、なかなか気づけなかったのです。これが「長女のありのまま」なのだと。認めると、とてもシンプルなこと。長女をどうにかしようとしていた自分自身が、エゴの塊だったのだと感じる日々です。

また、ある日長女が学校の登校時に、車で駅まで送る道中で、ギリギリの時間だったこともあって、急いでいてトラックの前に強引に入ったことがありました。そうしたらトラックの運転手に怒鳴られて。その出来事で嫌な思いをして以来、長女は「少し早めに」という意識ができたようです。

これは結果オーライですが、遅刻したら遅刻したで、とことん付き合えばいいと親である私も思うようになりました。人は経験しながら成長します。遅刻して、怒られるのは本人。恥ずかしい思いをするのも本人です。忘れ物もしかりで、「困っているだろう」と思って走って届けるよりも、放っておくほうがいいのです。同じく怒られるのも本人、恥ずかしいのも本人です。いつ「恥ずかしい」とか「怒られるのは嫌だ」と感じ、余裕を持って到着することのメリットに気づくか、忘れ物をしないように持ち物準備を念入りにするか、は本人次第ですが、それも人それぞれ。親は当然ながら「遅刻してほしくない」「忘れ物をしてほしくない」と思いますが、自覚を持つことを促すより仕方がないのです。長女も、こちらからすると全く急いでいないように見えますが、長女なりに急いでいるようです。その余裕がすごいと思うようになりました。

その長女の余裕っぷりをまざまざと見せつけられたのが、受験の時です。高校は全日制高校を選択したのですが、塾にも行かず、試験の前日にも焦る様子は全くなく、家族の夕食を珍しく作ったりして、「明日は本当に入試なの?」という感じでした。試験が小論文と面接だけだったからかもしれませんが、親のほうがドキドキする感じ。合格発表の日も、「合格すると思っとったもん」と、それだけ。「この子は大物になるだろうなぁ」と、改めて思いました。周囲からのプレッシャーもあったと思うのですが、マイペースでいられるのは、本当にすごいです。長女自身も、「周りの評価は関係ない」と言います。周りの評価を考えなくてもいいのは、繊細でいながら心が強いということでしょうか。

長女が中学校に入った最初の家庭訪問でのことでした。テストの結果を見た時に、思わず私は「これだったら、勉強せんでも行けるね」と母校の話をしました。それがきっかけになったのか、受験勉強は特にせず進学を決めました。「本当に勉強せんで合格したね」と、今では笑い話になっています。

長女も「他の高校に行ってたら、こんなには楽しめんだったたて思う」と言っていますし、子供たちそれぞれに「自分で選んだ」ことを誇りに思っているようですから、子供の意思を大切にすることの大事さも学びました。

親心は好かれ悪しかれ

親がこうさせたいと思うことと、子供がそうしたいと思うことが、一致していれば問題はないのでしょうが、実際は違うことのほうが多いのではないでしょうか。そこで親のエゴが強いと、子供に求め過ぎてばかりで悩んでしまいます。自分が何かで苦労したから、子供には苦労させたくないと思うのも親心ですが、実際に苦労だと感じているのは自分であって、同じことをしても子供は苦労だと感じないかもしれません。

進学も良い例の一つです。自分が大学に行けなかったから、子供には大学に行かせたいという意見はよくあります。これも、子供が大学に行きたいと希望していれば問題ありませんが、子供がそう願うかどうかは別なのです。行かせたいと思うのは、一つの愛情ではあるのですが、それを子供に求めるのは別のことなのです。

誰しもそうですが、子供には持って生まれたものがあります。「教育」とは、引き出すという意味があるとも言われていますから、子供が持って生まれたものを引き出すことが大切です。子供の良いものを引き出してあげるためには、子供に興味のあることをさせる機会を作ること。それと子供のやりたいことに付き合うこと。それが良い親心の使い方ではないでしょうか。子供は自分の思い通りに育たないことを心に持ちながら、子供の人生が素晴らしいものになるように導くこと。それがシンプルライフにつながるのだと思います。

「ない」ではなく「ある」に目を向ける

褒められない親たち、子供たち

お母さんたちのカウンセリングをしていると、日々お母さんたちが子供や家族に対してやっていることを褒めるだけで、必ず元気になられます。母親や主婦は、そもそも褒められる機会が少ないですよね。

お母さんたちの話を聞いていて思うのは、お母さんたちの視点は、子供の「できない」ことに向いているということ。どうして親は、「できないこと」に意識を向けてしまうのでしょうか。そして、それを子供に言葉で投げかけてしまうのでしょうか。それは、まぎれもなく、親としての評価が良くありたいという気持ちがあったり、周りの目を気にしたりしているからなのです。何かしら子供ができても、できていなくても、親自身が満足していたら、できる、できないは、それほど気にならないはずです。

ちなみに、親にだってできないことはたくさんあります。それに、大人であろうと子供であろうと、どんな物事もできることは当たり前ではありません。日本人は褒め下手で褒められ下手だと言われます。誰かに自分の子を褒められたとしても、「いやいや、うちの子なんて」と返していませんか？「謙遜は美徳」という言葉もありますが、もし子供が隣で聞いていたら、傷つく言葉です。大人だって褒められれば嬉しいですし、子供だって褒められれば嬉しいのです。日々、叱ることが仕事のような母親業ですが、「ないこと」ばかりではなく、「あること」にも目を向けてみませんか?

また、子供を誰かと比べないようにしましょう。褒められない以上に、子供にとってはつらいことです。大人も、他人と比べられたら良い気持ちはしませんよね? 人と比べると、どうしても「できないこと」に目が向くものです。誰かと比べて自分自身や子供の状況を知るのは良いかもしれませんが、人と比べて子供を否定したりすることはしないようにしましょう。

子供のことを「待って」みる

遊びでも何でも、子供がやりたがっていることを、親は自分の都合で子供の手を止めさせることがあります。以前、子供を自然の中で生活させる幼稚園の話を聞いたことがあります。子供が濡れた手袋を乾かすために、たき火の周りの石の上に置いたそうです。ありがちなのは、近過ぎると燃える可能性があるので、先生たちは手袋を動かすか、子供に注意をうながすでしょう。ですが、その幼稚園ではそのままにしたそうです。もしも手袋が燃えてしまったら、「ここに置いたらダメなんだ」と、子供が自ら気づきます。

手袋を燃やしてしまうなんて、もったいない！　そんな意見もあるかもしれません。それも間違ってはいないですよね。でも子供を見守る、子供のことを待つ、という時間も必要なのではないでしょうか。子供の「命」に関わることでなければ、待ってみませんか？　親が子供の都合に合わせるのは、なかなか難しいかもしれませんが、待ってみると、意外と子供の気持ちがわかるようになります。親が何かと子供の行動を止めてしまう弊害にも気づくことでしょう。子供の可能性を狭めないためにも、少しずつ待つことも心がけてみてください。

それはできなくて困ること？

子供のできないことに目が向きがちな人は、そのできないことに対して、「それは、できなくて本当に困ることなのかどうか」を考えてみましょう。じっくり考えてみると、できなくても意外と大丈夫なことも多いと気づくはずです。これは各家庭によって価値観が変わるところではありますが、長い人生の中で子供自身が、

・今すぐにできないと困るのか
・数年先までにできるようになれれば大丈夫なのか
・できなくても誰かに助けてもらえれば問題なくなるのか
・少しだけできるようになれれば大丈夫か
・できるようになるまで根気良く対応していく必要があるのか
・他に方法があるのか

など、じっくりと考えていけば、親としての対処法もわかるのではないでしょうか。例えば我が家の場合、上手にできない片づけのことは「結婚相手には片づけられる人を選べばいいよ」と長男に言っています。そうしたら片づけてもらえますから。できないことを、補い合えれば良いのではないかと思います。自分がやろうとしなくていいもの、何か他に方法があるものは、あえて自分ができなくてもいいと思うようになりました。「できないということ」を知っておけば、方法はいくらでもあるのです。

または、親子で一緒にできるようになる工夫をすることも大切です。できないことをなげいているだけでは成長はありません。工夫をしながら親子で学んでいくのです。子供と一緒に成長を楽しむという心づもりでいるといいのかもしれませんね。

子育ては偉業

子供が3歳くらいになるまでは、1人では生きていけません。だからこそ、子供が親の所有物のように勘違いしていまいます。ですが、その気持ちもわかるのです。この世に、子供を育てる以上に大変な仕事はありません。まさに「偉業」です。お母さんたちには自信を持って子育てをしていただきたいのです。

子供が生まれた瞬間は、「生まれてきてくれてありがとう」と心から思います。どんな親でもきっとそうですよね。ですが、いつの間にか感謝の気持ちが薄れ、子供に対して求める気持ちが増えていきます。そこに気づいた時は、子供が生まれた時のことを振り返り、生まれた瞬間の感謝の気持ちを思い出すと良いかもしれません。人として生まれてくることは、奇跡だということ。いろんな条件がそろっていないと、生まれてくることはできません。親子の縁をもらったことも奇跡です。あなたという親を選んで子供は生まれてきています。決して偶然などではありません。発達障害として生まれてきたことも奇跡。本人が望んで、誓って生まれてきているのです。親に何かを教えるために、人生を味わうために、発達障害を選んで生まれてきたのです。

そう考えることによって、我が子が愛おしくなります。そう思うことによって、充実していたり幸せになれたりするのであれば、そんな思い込みでも良いのではないでしょうか。結局はあなた自身が、すべてをどう捉えるかによって、見ている世界も違ってくるということです。自分自身が幸せと思える捉え方をしていけば、それがあなたにとっての正解なのです。

親子で書く手紙に成長を感じる

長男が中学3年生の時に、ＰＴＡの学年委員さんの計らいで、子供たちは親へ、親たちは子供に向けて、お互いに内緒にしながら手紙を書きました。子供たちは卒業式に向かう前に、親からの手紙を読みます。親は卒業式の受付で、子供からの手紙をもらいます。お互いに読んでから、式が始まります。手紙には感謝の言葉が書いてありました。いつも思っていることをわざわざ手紙や言葉で伝えるなんて、なかなかしませんから、そういう機会を作っていただけたことには、今でも感謝しています。お互いに手紙を書いて送ること。本当に良いなと感じました。特にそういう機会でなくても、それぞれの親子に何かしらの節目の時がありますから、そういう時に手紙の交換ができるといいですね。

さすがにその卒業式では、親も子供もみんな感動して泣いていましたね。今でも鮮明に覚えていますし、長男も恥ずかしいのか口にはしませんが、とても印象的だったようです。

手紙を書く習慣

手紙を書くことは、「子供にしてほしいこと」のひとつでした。そして「まず自分からする」と決めていたことでもありましたので、定期的に子供に手紙を書いて渡していました。また、子供たちが私の親から何かプレゼントをもらった時には、お礼の手紙を書くようにも促しました。母は返事をくれますから、子供たちは手紙を書くことの喜びを感じてくれていたようです。子供たちからもらった私宛ての手紙は、全てファイリングして、残してあります。子供が小さいうちから手紙を書くことを習慣にできれば、親子で交換日記もできるかもしれません。そんな妄想も膨らみますね。

子供たちには、テーマを決めて手紙を書いてもらったこともありました。「10年後の自分へ」というテーマだったり、「夏休みにやりたいこと」だったり。全てを親が読むとは限りません。子供が子供自身に書いて持っておくこともありますし、数年経ってから見せてもらうこともありました。長男が10歳の頃、「プロ野球選手になりたい」と書いた手紙を、数年後に読んで思うことを返事に書いたり、それによって子供の考えていることもわかって、助けられたりしたこともありました。

今年の私の誕生日に、長女から手紙をもらいました。最後には、「私は、絶対に、ずっと幸せでいます。お母さんも幸せになります。私がそうします」と書かれていました。自分のありのままを、まずは自分が認め、互いに認め合える。そこに幸せを感じ、長女の思いに感謝しました。

私自身は、毎年3月の春分の日に、1年後の自分に向けて手紙を書いています。書いた手紙は、スケジュール帳に入れ、次の年の春分の日に手紙を読み返して、また次の年へ向けて新しく手紙を書きます。たった1年でも、いろいろなことが変わります。自分自身の価値観も変わってくるので、それを知るためにも、これからも続けていくつもりです。親子で手紙が交換できるのは、いつまでできるかわかりませんが、子供の成長を垣間見られる大切なことでもあるので、子供に対しても手紙を送り続けたいですね。

手紙を書くという行為はシンプルなことかもしれませんが、気づくことがたくさんあります。親子で成長を見られるので、カウンセリングに来られるお母さんたちにもお勧めしています。

第5章

学校とうまく付き合うために

先生も「発達障害」のことを勉強中

ようやく世間でも知られ始めた「発達障害」

「発達障害」がメディアで特集されたり、書籍として販売されるようになって数年が経ち、ようやく少しずつ知れ渡ってきたかな？　という気がしています。「知られていない＝あらぬ誤解を生む」ことにつながるので、発達障害について知ってくださることが増えることに関しては大賛成です。

それでも、先生方の中にも発達障害の実態をまだまだ分かってらっしゃらない方が多いと感じます。もちろん、学校単位や教育委員会でも発達障害に関して学ぶ機会を設けておられると思いますし、昔に比べると知識も経験も積んでおられる先生も増えました。それでもまだ完全に浸透していないというのが正直な印象です。

では、そういう先生方に対して、親としてどんな風に向き合って、そして障害のことをどう伝えていけば良いのでしょうか。まずはお互いに情報交換をすることが一番大切だと私は考えています。

長男が中学生の時に、心療内科に連れて行くために学校に欠席届を提出しました。その後、担任の先生が「どうでしたか？」と気にかけて聞いてくださったので、発達障害と診断された旨をお伝えすると、「じゃあ、何か気をつけることはありますか？」と聞いてくださいました。

その時に、「長男がふだんから忘れ物をしてしまうことや、集中力が続かないこと、思わぬ行動に出てしまうことなど、全てにおいて『悪気がない』ということを、学年の先生方で共有していただけますか？」と、伝えたのです。それ以外、先生は何もおっしゃらず、診察結果を受け止めてくださったようでした。そしてお願いしたとおり、『悪気はない』ということを、学年の先生方で共有してくださいました。

実はこの時の先生が例の「お前の良いところなんか一つもない」と言った先生で、私はずっとそのことが頭から離れずにいながら、先生に対して我慢して接していました。今考えると、我慢するのはいけなかったのかも？　と感じています。自分で自分の感情を受け止めきれずに、モヤモヤを持ったまま過ごしていました。それがいけなかったのだと思います。卒業を控えていたこともあり、「大人の対応」をしていたのです。少なくとも自分ではそれが大人の対応だと思っていました。

ですが本当は、もっと早くから先生方と情報を共有したほうが良かったのです。私の場合は「発達障害」と診断されたことで、そして「悪気はない」という言葉を心療内科の先生からいただいたことで、ようやく前に進めた感じでした。

ですからもし、あなたのお子さんが発達障害と診断された場合、あるいはそうとは診断されなくても、お子さんが持つ個性や思考のクセなどは、できる限り先生方と共有されることをお勧めします。

子供の細かい行動も伝える

ある日、私に渡さなければいけなかった学校からの「お知らせ」のプリントがあったのに、それがグチャグチャになってカバンに入っていたのを見つけました。長男は完全に忘れていた模様。こういうことが往々にしてあることも、先生に伝えました。本来、忘れ物をすることは子供本人、または親子で努力すべきところなのでしょうが、長男の場合それだけでは補えません。そのことを先生にしっかりと伝え、親である私と連携していただきました。それからというもの、常に先生と私とで連絡を取り合い、子供の行き渡らないところをカバーするようになりました。

このように、先生方に発達障害のことを、そして自分の子供のことを、きちんと理解してもらおうと思ったら、どう働きかければ良いのでしょうか？

そのためには、まず日頃から自分が感じている子供の特徴と、それに対してどのような対応をしているのかについて、より具体的に、そしてよりこまめに先生に伝えることです。そうすることで、先生方の理解が進みますので、より良い対応をしていただけることにつながっていきます。

また、先生の側からも「学校ではこういうことがありました」と、教えてもらえればそれを家庭でも共有することができます。子供にとって、より良い生活環境にするために、情報交換と情報共有をすることがとても大切なのです。もちろんそれは、親の環境にとっても、先生の環境にとっても言えることです。

私は先生に長男のことを知ってもらうために何でも話しました。そうすることで、本人もしっかりサポートしてもらえたのです。学校の先生方は、ふだんから全ての子供たちに、より豊かに生きてもらうために何をすれば良いのかを、工夫して考えておられます。そんな中で、発達障害の子は発達障害であることを先生に言われなければ、なかなかそうだと気づいてもらうことも難しく、理解もされません。発達障害と一言でいっても、一人一人特徴が全然違いますし、理解もされにくいですので、先生方も大変です。

また、前述したとおり、先生方の中でも、発達障害に関する知識にはバラつきがあります。教育委員会などを通じてそうした学習をされる機会も増えてはいますが、まだまだすべての先生が同じレベルの知識と経験を持たれているわけではありません。だからこそ、正しい情報の共有が大切なのです。もしかしたら最初は伝えることにも勇気が必要かもしれませんが、伝えることがお子さんのためにも、ほかのお子さんのためにも大切なことなのです。

「発達障害」の過去と現在

小中学校で1学年10クラスほどもあった時代は、発達障害の子供がいても、先生もきっとわからなかったでしょう。そんな言葉（診断名）もなかったですし、親もきっとわからなかったはずです。「育てにくい子」くらいの判断だったかもしれません。仮にそういう子がクラスにいたとしても、クラスメートの誰かが先生からお世話係を命じられたりして、それが通っていた時代です。今は先生がそういう指導をすると問題になりますが、結局は全ての子供たちに何らかの形で誰かの支援が必要だということを意味しているのではないでしょうか。誰もが個性的で、誰もがその個性を受け止めてもらいながら、自分も受け止める、これからますますそういう社会になっていくのでしょう。

まずは先生から信頼される保護者になる

信頼関係を築くために

これまでお伝えしてきたように、より良い子供の生活環境のため、先生と親の間で子供の情報と対応の仕方を共有する、これが非常に重要なのですが、そのために必要になってくるのが、先生との信頼関係の構築です。信頼関係があってこそ、共有した情報がきちんと活かされるようになるからです。万一、お互いに不信感があってはせっかく情報を共有しても「そんなはずはないだろう」「本当にそうなのかな」と疑いから入ってしまいますので、何も生かされず、何も良い方向には進みません。大人同士と言えども、やはり大切なのは信頼関係です。では、どうすれば先生と良い信頼関係を築けるのでしょうか。どんな関係でもそうでしょうが、「私を信頼してください」と言って信頼されるものではありません。そこは、行動ありき。日々の積み重ねでもあります。

私が考える、先生から信頼されるために大切なことは、まず自分の家庭教育の方針を持っておくこと。「こういう子育てをしたい」と決めていることと、そのための具体的な行動。どちらも大切です。そして、それを人に伝えられる状態にしておくこと。きちんと方針を決めておけば、学校とのやり取りで何かを言われたとしても、ブレることがありません。先生から「あの親は何も考えていない」「子供のために行動していない」と思われてしまっては、信頼関係は築けないので、ブレない方針を親は持っておくことですね。そうすれば先生たちも信頼してくださるようになります。「この家庭は、子育てについてきちんとした考えを持っている」と思ってもらえるのです。

心の教育は家庭から

ちなみに我が岡田家における子育ての方針は、「心こそ大切なれ」です。「心こそ大切なれ」という言葉は、言い換えれば「心の持ちようが全てを変える」ということ。全てが良い方向に進むのか、良くない方向に進むのか、「心の持ち方」次第で決まると言ってもいいでしょう。例えば、わがままな心、愚痴、疑いの心、そうした心を持つことは不幸の元になります。逆に人を信じる心、友を思う心、そうした心を持つことができれば、それそのものが幸せなことです。ですので、岡田家ではこうした心を育てることを方針としてきました。

そのためには、やはり家庭教育が大切だと感じています。学校ではそこまで細かい心の動き、大切さまでは教えてもらいませんし、親だからこそ子供の心の動きを気づけると思うからです。学校でしかできない経験、家庭だからこそできる経験、どちらもあってこそ教育は成り立つもの。ですから心の教育の原点は家庭であり、学校はあくまでも子育てのサポート的役割だと私は考えています。

何度も学校に出向こう

先生方は、子供を見て親を想像します。「この子の親は、こういう人なんだろうな」と。それは、子供は親の生き方、背中を見て育つからです。もしかしたら、発達障害の子供を見たときに、先生は「親のしつけがなっていない」と思うかもしれません。実際にそういうこともありました。ですが、それは先生が「発達障害」のことを知らないから、気づいていないからであって、そのことで先生を責めてはいけません。

先生に理解してもらうためにも、早めの情報交換、そしてできれば学校へもよく出向くようにするといいですね。今の学校は、授業参観や学校の行事のときだけはなく、ふだんから学校の授業を見学に来ても良い、とされているところも増えています。さすがに毎日学校に行くのは大変ですし、子供も嫌がるかもしれませんが、先生との信頼関係が築けるまでは、それくらいの行動力があってもいいかもしれません。

またPTAの役員になって、学校行事のお手伝いするのもいいでしょうし、保護者の活動の委員などにも手を挙げて、堂々と学校に通えるようにしてしまうのも手です。PTAや委員の用事は大変かもしれませんが、子供がお世話になっている学校のこと。感謝の気持ちを持ってお手伝いできるといいですね。

そうすれば早い段階で先生との信頼関係も築けるでしょう。先生も人間ですから、学校のために動いてくれる保護者には心を開いてくださるでしょうし、子供にも関心を持ってくださるはずです。そして、「発達障害」のことを説明すれば、常に頭に置いてくれるようになります。また、発達障害からくる個性についても誤解されずにすみます。また担任の先生だけではなく、部活動、クラブチーム、音楽や体育などの副教科の先生など、学校で何らかの関わりがある先生方には、しっかりと子供のことを話しておきます。

一緒に考えてくれる伴走者として味方にしよう

してほしいことは、まず自分から

先生との信頼関係を築くもう一つの方法が、「自分から先生を信頼する」ということです。やはり、「してほしいことは、まず自分から」ですね。先生のことを、「どうすれば子供にとって、学校が良い生活環境、教育環境の場になるかを一緒に考えてくれる存在」だと思ってください。自分から先生を信頼していきましょう。先生も、生徒の親から慕われると嬉しいものです。そうすれば子供の情報も速やかに共有でき、もしそこに何かしらの課題があれば、解決に向けた話し合いも一緒にできます。いつも協力し合う気持ちでいることが大切なのです。

また学校からのお便りや、先生が書かれる学級通信などには、家庭における子供との向き合い方や、教育のヒントになることも書いてくださっています。せっかくですから、書いてくれていることを家庭でも取り入れて、それがどうなったかを先生に報告すれば、先生もきっと喜んでくださるはずですし、保護者の味方になってくださると思いませんか？　そういう姿、行動も、先生を信頼することにつながります。

学校からのお手紙は意思疎通のチャンス

長男が中学生の時には、先生が作られていた学級通信に返信欄があったので、私は配られるたびに毎回返信していました。とくに長い文章で返していたわけではありません。お便りを読んだ感想や、学級通信の内容に質問したり、子供が話していたことを代弁したり。ちょこっと書くだけですが、返信は習慣にしていました。先生は保護者に対してのお手紙のつもりで書いてくださっていると思うので、きっとお返事が来たら嬉しいだろうな、とも思っていました。だからこその返信欄ですから。学級通信の内容に関係ないことでも、少しのスペースに、家庭での子供のことを書くのもいいのではないでしょうか。お互いのコミュニケーションを取る場として、そういうものも活用できると良いですよね。

長女のときは、最初は返信欄があったのですが、そのうちに無くなってしまいました。学年の最後に、長女が先生から「お母さんに『いつも返信ありがとう』と言っておいて」とメッセージをもらってきたのですが、少しさみしかったですね。後から聞くと、他の親御さんたちは、返信欄には何も書かない人のほうが多かったそうです。先生からすれば、もしかしたらモチベーションが無くなってしまったのかも？　そんな風に考えてしまいました。学校からのお便りや学級通信は、先生が時間と手間をかけて、何かしら伝えようと思って書いておられるわけですから、それに対して何もリアクションがないと、きっとやりがいがありません。保護者は先生の思いに応えることも大切なのではないでしょうか。日頃から「我が子がお世話になっています」という気持ちを持って接し、それを言葉で伝えるようにしていけると良いですね。

連絡帳だけにたよらずに会話を増やすこと

直接会うことの大切さ

学校からのお便りや、学級通信以外にも、連絡帳のある学校も多いと思います。名前のごとく、学校からの連絡、保護者からの連絡のやり取りをするノートですが、これも毎日記入するという親御さんは少ないと思います。サインだけ、というかたも多いのではないでしょうか。今は働いているお母さんも多いですし、子供が持って帰ってくるプリント類に目を通すだけでも精一杯、というお母さんもいらっしゃるでしょう。連絡帳にあらたまって文章を書くのも苦手、という方も。

自分が思っていることを文章ですべて伝えることは、なかなか難しいものです。日々、文章を書き慣れている人ならともかく、自分の伝えたいことをそのまま文章で表現できるかどうかもわかりませんし、その文章を先生がどう捉えられるかもわかりません。だからこそ、直接会って話し、そして先生の話も直接聞くことが大切なのです。会って話すことで、文章では見えなかったお互いの表情や思いの熱量などが、ダイレクトに伝わります。誤解を生む可能性もぐっと減るでしょう。

ですから、もし学校で教育相談や保護者の個人面談等の場が設けられたら、相談することがなくても積極的に活用しましょう。先生と情報交換をして、子供が学校で普段、どんな生活をしているのかを聞く機会にするのです。そして学校の行事にも積極的に参加しましょう。とにかく全てのチャンスを活かして、先生とコミュニケーションを取る機会にするのです。働いているお母さんは仕事の時間とのやり繰りが大変かもしれませんが、それも子供のため。情報を正しく伝えるためにも、連絡帳だけにたよるのではなく、先生と直接会う機会をできる限り増やしていきましょう。

先生との会話を増やすことのメリット

先生との会話を増やすことの良いところは、他にもあります。例えば自分自身（保護者）のことや、家庭のことを知ってもらえることです。先生にとっては、それも子供のことをより知るための大切な情報の一つです。家庭訪問を実施するのは、その家庭の状況を知るためでもあります。先生方は、その子の家庭環境がどのような感じになっているのか、整っているのか、そうではないのか。親御さんとの会話に加えて、玄関先で確認します。そういうことも子供を知る手がかりとなるからです。年に一度の短い時間ではありますが、先生方にとっては大事にされている行事の一つです。

この家庭訪問の時間も、先生との信頼関係に活かさない手はありません。家庭訪問というと、「家を整えてお掃除しなくちゃ！」と、大変な時間に思ってしまいがちですが、新しい学年になって、最初に担任の先生と対面して話せる貴重な時間です。たくさんのことを話せるわけではないでしょうが、家庭での子供の様子を含め、先ほど書いた家庭教育の方針も伝えられるといいですね。聞いた先生も、きっと喜んでくださいます。

最近は、学校によっては家庭訪問をしないで、先生が家の近くまで行き、どういう通学路を通っているのかを確認して終わるところもあるようです。そうなると、ますます親と先生の会話の機会が減ってしまいます。学校の方針ですし、仕方がないのかもしれませんが、大切な伝統は残していただきたいところです。

とにかく、できる限り先生とのコミュニケーションを増やし、信頼関係を築くためには、連絡帳だけにたよるのではなく、家庭訪問や教育相談等、「日頃」から伝え合うことが大切だと覚えておいてください。

学校(先生)の事情を知ることで、解決することもある

担任は変わっても、先生との関係は続く

子供が独り立ちするまで、学校や先生と家庭の関係は続きます。担任の先生は何度か変わるとは言え、長期に渡る学校とのお付き合いです。その中ではどうしても学校や先生に対する不平不満が出てしまうこともあるでしょう。しかし、これまでにお伝えしてきたように、世の中に「当たり前」というものはありません。「○○してもらって当たり前」「学校は○○すべき」といったことではなく、常に「感謝」の思いを持つことができれば、不平不満は少なくなるはずです。そのためには、まず学校の事情

も知ってみること。学校側の立場に立って見ることもできれば「感謝」も増えますすし、より良い関係を築くことができるでしょう。

例えば、今の時代は教員の長時間労働が問題視されています。親が学校に求め過ぎていることが多いのかもしれませんし、先生方も「子供たちのため」と思うがために、家庭で行うべきことまで知らず知らずのうちに引き受けてしまっているのかもしれません。とにかく現代は、学校が背負っているものが多すぎる状態だと言っても言い過ぎではないはず。だからこそ、家庭としては先生方の業務をできるだけ減らせるように考えてみませんか？　そういう思いやりを持つことで、先生方も動きやすくなりますし、先生方が動きやすくなると、それが子供たちに還元されるのです。結局、我が子に返ってくるということですね。だからこそ、先生方の現状を知る工夫をしてみましょう。「あれをしなくなった」「これをしてくれなかった」といった目では見ないことです。

また、これからの教育改革で、先生の働く環境も、教育のあり方も大きく変わる途上だということを頭に入れておきましょう。家庭から情報を発信したり、ＰＴＡ活動をしたりすることも先生への協力になります。学校の改革は、家庭も含めた社会全体でやっていくべきものだと私は考えています。

例えば、受験前に「この学校も受けておいたほうがいいですよ」と先生から助言があったとします。でも、先に受けた志望校に合格してしまうと、先生から言われた学校を受験する必要がなくなります。しかし受験料は支払い済み。こういう時に、「先生から受験するように言われたけど、なぜ?」と思ってしまうかもしれません。ただ先生としては、ある程度の経験から判断したうえで、その学校の受験も勧められたわけです。保護者もその事情が分かれば納得できるでしょう。

また過去には、保護者同士のいさかいを、先生にジャッジしてもらおうとしていたお母さんがいました。先生に自分の味方になってほしかった、というのがそのお母さんの気持ちです。先生を味方にして、「先生がこう言っているから」という状況を求めてのことですね。こうしたケースは珍しいことではないようです。それを考えると、先生と親の間にワンクッション取れるような窓口があっても良いのかもしれません。いずれにしても、こうしたことで先生への負担を増やすのではなく、家庭で取り組めること、親たちの間でできることを見つけて、先生の負担を減らすことを考えてみてはいかがでしょうか。

先生も、一家庭人

先生方ももちろん、ご自分の家庭がありながら、教師という仕事をされています。ということであれば、「我が子の入学式と、自分が務める学校の入学式が重なる」「我が子の学年と同じ学年の担任になりそう」というときは学校側の配慮もほしいところです。我が子と同じ学年を受け持って、様々な行事が重なると先生も気持ちが揺れるでしょう。先生方も自分の家族を犠牲にしていては、良い教育ができるとは言えません。ですから、できれば先生にはご自分の家庭を優先してほしいと私は思っています。実際には難しいかもしれませんが。だからこそ、先生方も厳しい状況にあるということを、私たち保護者が知っておくことも大切なのです。先生も人間であり、家庭を持ち、1日は保護者も同じ24時間なのです。おもんぱかることができれば、お互いに歩み寄れるのではないでしょうか。

第6章

心で育てる発達障害の子育て

子供の才能を信じること

発達障害であろうとなかろうと、どの子供にも本来、必ず何らかの才能があるものです。それを早く見つけて、そして信じてあげることが大切です。

長男の場合、発達障害の特性でコミュニケーション能力が低いのだろうなと思っていたのですが、気づけば誰とでも仲良くなっていました。長男を見ていると、どうも人見知りをしない様子。性格的にはおとなしいのですが、友達は多かったのです。誰に対しても穏やかなので、それが良かったのかもしれません。これも長男の才能のひとつだったのでしょう。まずはそうして見つけた才能を信じてあげることが大切なのです。

私は長男に大学まで行ってほしいと願っていたのですが、それは肩書や就職などのためではなく、長男に一生付き合える友達を作ってほしいという思いからでした。つまり長男の苦手な部分を理解してずっと付き合ってくれる人が必要だと思っていたのです。実際には専門学校に行くことになったのですが、改めて振り返ってみると、高校時代の友達がずっと仲良くしてくれています。自分でしっかりとフォローしてくれる友達を作れているのを見て、あえて親が心配することはなかったと気づいたのです。なんだかんだ言いながら、私も長男の才能を信じきってあげられていなかったのでしょう。

好きなことを見つけると伸びる

長男は今、自分の好きなこと、とりわけ洋服が好きなので、服の購入や整理に関心を持ってやっています。私達親や、妹にも「プレゼント」と言って洋服を選んで買ってきますので、私がそれを着ていると「自分が選んだんだ」という感じで喜んでいます。友達が洋服を買う時にもついていっているようです。

子供自身が好きなことを見つけること。そして親は子供に才能があると信じること。これが大切ですね。親が自分のことを信じて見守ってくれているとわかれば、「ずっと自分の味方になってくれている人がいる」という安心感を持てるので、秘められている可能性をどんどん発揮していくようになります。どんどん変わっていく姿を見るのは、親として嬉しいものです。

ですが、実際に発達障害の子供を持つお母さんの中には、ご自分の子供に才能があるとは思えない、そんな風には信じられない、そう感じているお母さんもいらっしゃるかもしれません。第5章にも書きましたが、子供に対して信じる気持ちが持てない時は、まずは少しでも子供の関心のあることに取り組ませることです。いくつでも何でも取り組ませてみて、何に興味を持っているのかを探してみるといいでしょう。

私の友人の子供は、幼稚園の頃に小学生が読むようなクイズの本などを読んでいました。友人が買い与えていたのですが、「子供がクイズに興味を示したので、親子で一緒に楽しもうと思って買った」と話していました。この「親子で楽しむ」という感覚が大切だと思うのです。こういうちょっとしたことがきっかけで、何が大きく育つかはわかりません。お子さんが何に興味を示すのか、関心を持って接してあげて欲しいのです。

手や口を出し過ぎていませんか？

ついつい「あなたにはまだ早い」とか「あなたには無理」と手や口を出してしまっていませんか？　子供が小さかったり、障害があるとどうしても「できない」ことに目が行ってしまいがち。ある程度は仕方のないことなのかもしれませんが、でもそこをこらえてプラスに切り替えるということです。どんな時も、子供の表情を見てあげるといいですね。子供が興味を示したものにはとことん付き合ってあげましょう。そうすることで「得意」が伸び、「才能」が開いていくと思えば、それも親の楽しみになって、無理を決めつけてしまうことも減ってくるのではないでしょうか。もちろん、ハサミを使うとか、包丁を使うなど、怪我をする可能性のあるものに興味を示すことも多いでしょう。親としては心配なところですが、だからといってそこで「あなたには無理」と制限をかけてしまっては、せっかくの興味が削がれ、開花するはずの才能も開花しないまま終わってしまう可能性もあります。そして何より、「これをやってみたい」という好奇心やチャレンジ精神が出かかったところで摘み取られてしまう、ということを繰り返してしまうと、やがて「やってみたい」「やらせて」ということをお子さんが口にしなくなってしまうことも考えられます。これはお子さんの可能性を閉ざしてしまうことにつながります。やはりできる限り、お子さんと一緒になって、やりたいことにチャレンジさせてあげるようにしましょう。

また、親が何かしら不安を持っていると、子供に対しても不安を持つようになってしまいます。逆に自分が大丈夫と思えば、子供のことも大丈夫と思えるようになります。ですが面白いもので、お母さんが不安に思うほど、おそらく子供は不安に思っていないもの。幼い頃はとくにそうです。子供の目には、楽しそうなものしか映っていませんから。子供の目を見つめることが、一番不安がなくなることにつながるかもしれませんね。

どうしても子供の才能を信じられないと思う時には、まず自分が何に対して不安を感じているのかを探してみることです。それは、もしかすると何か今起こっていることではなく、ただ単に未来のことを勝手に不安に思っているだけかもしれません。「怪我をするのでは?」とか「迷子になるのでは?」とか「みんなの中で孤立するかも」

「失敗するかも」などなど。「そして、それが実際にまだ起こっていないことだと気づけると、その不安は消えてなくなります。昔の人の言葉に、「不安の9割は起こらない」というのもありますからね。不安に思うだけ損なのかもしれません。どうせなら楽しいことを考えたほうが、未来も明るくなると思いませんか？　お母さんの不安がなくなることで、きっとお子さんの良いところを見つけられるようになります。まずはお母さん自身の気持ちを整理すること、そこから好循環を生み出していきましょう。

そもそも不安になるというのは、想像力が豊かな証拠です。あまり自分を責めなくていいのです。例えば、いろいろな経験を積み重ねてきたことで、自分を振り返ったときに、「全て乗り越えてきているな」という感覚は誰でも自分の中にあると思います。「ああ、あの時は大変だと思っていたけど、今は大丈夫！」というようなことです。だったら、きっと子供のことも大丈夫だということです。あれこれ想像して不安になるのではなく、「あんなことも大丈夫だったんだから、これくらい大丈夫」くらいのノリで、子供を信じてあげましょう。

親子で決めたことを続けること

日々、何かの行動を積み重ねることはやがて大きな力になります。とくに家族で決めたことをお互いに励まし合って続ける、それは家族の団結にもつながりますし、それぞれの自信にもつながりますので、非常に良いことだと思っています。これは子育てをするうえでもとても大切なことで、やることの中身は何でもいいのです。毎日とにかく家族で続けることです。例えば「毎月の目標を決める」とか「食べ物の好き嫌いをしない」など、何でもいいのです。

ちなみに、我が家でずっと続いていることは、人様から何かしてもらったときには必ず報告をすること。「〇〇さんに、これしてもらったよー」と言うと、「じゃ、お礼言っといたほうがいいね」という感じで、お互いに感謝の気持ちの確認をしています。これは小さい頃からずっと続いています。それは母親としての教育でもあったのですが、ずっと続いていますね。

ですが、これはほんの一例に過ぎません。親子で続けられるものだったら何でもいいのです。これだけはやっていこうということを、まずは親子で決めるところからです。それこそ、「しつづける」の「しつけ」ですね。お互いの信頼関係も築いていけますし、お互いにそれを守っているという、繋がりも持てるのです。

続けるものは、何でもいい

例えば、子供が小さいうちは、読み聞かせ、話し聞かせなどを習慣にしている家庭も多いと思います。ですが、発達障害の子供の場合、話を聞いて理解することが得意な子もいれば、目で見たほうが理解できるという子もいます。ですから、そこはその子に合わせた方法をとるのがいいですね。場合によっては付箋に文字や絵を書いて貼って見せるのがいいということもあるでしょう。

また、スキンシップを続けるのもいいですね。握手などでもいいと思います。朝起きた時に、「おはよう」と言って握手をします。それを習慣化するのです。言葉が話せなくても握手はできますから、赤ちゃんでも大丈夫です。そして小学生になっても、中学生になっても、続けられます。握手ではなくハグでもいいかもしれません。スキンシップはそれだけで力があるのです。

時々、いつまでもハグを続けるのは甘やかしにならないかと心配するお母さんもいますが、甘やかすことと甘えることは違います。子供が「抱っこしてほしい」と言う時は甘えたい時です。遠慮なくハグしてあげましょう。そのほうが子供の心が安心感で満たされて、より良い個性を発揮するようになるはずです。心配しなくてもそのうちハグしたくてもさせてくれなくなりますよ。

ちなみに、私は親子に限らず知らない子であっても、その子が何かを成し遂げた時にはハイタッチをするようにしています。「いえーい！」という感じで、お互い一緒にできたことを喜ぶという感覚です。そうすると、できたことに目が行くようになります。何かできたらハイタッチ、自分の子供にはなおさらやってあげたいですね。それは、褒めることにもつながりますから。そうすることで、次から次へとチャレンジ精神が湧いてきます。仮にできなくても「今度こそ！」という意味を含めてハイタッチもいいのではないでしょうか。

子供に「心」を伝える

以前、カウンセリングを受けてくださったお母さんで、こんなケースがありました。周りのお母さんたちがどんな子育てをしているのか、また前述のようなスキンシップの工夫をしているのか、まったくご存知ではなく、「子供が蹴ってくるので、それに対して怒って叩いてしまうのです」と言われました。そこで「子供さんが蹴ってきた時に、ぎゅっと抱くことはできませんか？」とお伝えしたら、「私が親からそのようにされてこなかったので、その選択肢がありませんでした」とおっしゃったのです。

確かに、他のお母さんも、親と手をつないだことがなくて、子供と手をつないだ時に不思議な気分になったと話しておられました。自分の経験にないことは、なかなかその発想に至るのが難しいのかもしれません。だったらご主人やパートナー、ご家族と話し合われることも選択肢のひとつとしてお勧めします。自分の経験だけで出てこない発想が、相手の経験を通して出てきたりするからです。そうして家族で考えて、そして家族で続けられることを見つけようとすることから始めてみてください。

そこで大切になってくるのが「心」です。楽しいとか、感謝とか、嬉しいとか、そういうところから始まって、そこで決めたことを続けていくことが大切なのです。そうして親が大事にしていることが、子供に伝わっていき、やがて子供もそれを受け継いで大切にするようになります。継続していることがあるというだけで、親子共に自分の力、自信にもつながっていくのです。

「当たり前」はないと知ること

命の大切さを感じた日

現在、母親が入院していて、言葉を交わすことも、もちろん歩くことも、ご飯を食べることもできない状態です。そういう姿を見ていると日頃、自分が生きていること自体、こうやって自分が動いていること自体が当たり前ではないのだということに気づかされます。命があることも当たり前ではないのです。

以前には義母が脳梗塞で入院して、すぐに意識不明になったとき、脳梗塞の場所によっては即、命に関わることもあり、また呼吸もいつ止まるのかもわからない状況でした。そのときお医者さまが「人は生きているのではなく、生かされているのだと思います」とおっしゃったことが今でも忘れられません。

その場には長男も一緒にいました。帰りの車で長男に「お医者さんが言うことって、命に携わる仕事だから重みがあるね」と話しました。そのことが、こうして生きていることも当たり前ではないと気づくことができた大切な日となりました。

日々、感謝はあふれている

「当たり前」の反対の言葉は「ありがたい」だと言われます。まず世の中に「当たり前」は無いと気づくことから始めませんか？　そうすれば何を見ても、何をしていても、「ありがとう」という言葉が湧いてくるようになります。いろんなことに恵まれていることにも気づくことができ、感謝も溢れてくるようになります。

自然災害に遭った時は、水道から水が出ることも当たり前ではないということに気づくことができます。私の実家は雨漏りがするのですが、応急修理のままですので、雨をしのげるのも当たり前じゃないと気づきます。

日常生活の中でもそうです。お店のスタッフは丁寧な接客をするのが「当たり前」とお客さんが思い込んでいると、ちょっとした不手際でクレームになりますし、逆にスタッフ側に「こうするのが当たり前」といったマニュアル的な感覚しかなければ、それもクレームのタネになり得るでしょう。逆にみんなが「当たり前」ではなく「感謝」の気持ちに気づいていれば、クレームは起こりませんし、極端な話、戦争さえ無くなるかもしれません。でもみんな、そういうことを忘れがちになるのですね。つい感謝を忘れて当たり前になってしまうのです。それを思い返すことが必要なのです。

同じように、子供に対しても「当たり前」と思っていると、子育てが悩みになったり、難しくなったりします。「こんな態度をとるなんてあり得ない」とか「これができないはずがない」とか。でも感謝の気持ちを持ってさえいれば、何事も悪く捉えることがなくなります。「このような態度をとるのには何か理由があるはず」「この方法ではできなくても、他にできる方法があるはず」という具合です。

「当たり前」は、自分に対して使う言葉

私が中学校に勤めていた時に、ある生徒が「生徒指導の先生から、『当たり前だ』って言われるけど、なんか腹が立つんとたいねー」と言っていたのを聞きました。それで、なぜ人から当たり前と言われると腹が立つのかを考えました。結局、「当たり前」という言葉は、自分の行動に対して使う言葉なのだと気づいたのです。人の行動や言動に対して使う言葉ではなく、自分に対して言う言葉です。

会話の中で、「当たり前のことですので」と言うことがありますが、それは自分にであって、相手の行動に対して使う言葉ではありません。相手に対して使うと、それはある種、何かを強要する言葉になってしまいます。先ほどの教師の話の場合は、目上の立場として生徒に言ったのだと思います。話の内容はわかりませんでしたが、おそらく生徒が守るべきルールに対しての「当たり前」だったのかもしれません。ですが、生徒側にしれみれば、「わかっているけど、腑に落ちない」というところだったのでしょう。

「当たり前」という言葉には、感謝の気持ちが存在しません。「ありがたい」気持ちがないのです。あなたは、誰かに向かって「当たり前」と言っていませんか？　世の中に「当たり前」はありません。そのことを意識して、「ありがとう」の気持ちを持つように心がけたいものですね。

子供にしてほしいことは、まず親がやること

ＰＴＡになった時のこと

私は自分の人生を真剣に生きたいと思っていますので、毎年テーマを決めて過ごしています。私の親がよく哲学的な話をしてくれたのもあり、自分も「悟り」を伝えられる親でいたいと思っています。そのためには、いろいろな経験を積み重ねた方がいいだろうと考えて、なんでもまず親がやってみせることを心がけるようになりました。

例えば、大きな経験として、ＰＴＡ会長をしたことが挙げられます。長女が小学校

5年生の時に、「次期PTA会長をする人が誰もいない」という事態になりました。この「誰もいない」ということ自体が子供に対して恥ずかしいことだと思ったのです。そしてもし、自分の子供がこういう場面に遭遇したとき、どのように行動してほしいかを考えました。誰かがやるべきことがある、でも誰もやる人がいない、そうなった時に「じゃあ、私がやります」と言える子になってほしいと思ったのです。だったら、まずここで今、自分がそれを見せるべきだと考えて、PTA会長になりました。今思えば大変なこともありましたが、私の行動を間近で見ていた長男と長女は、何かしら誰もやる人がいないときに「自分がします」と言って行動してくれていますので、やって良かったと感じています。

こうして私自身が好奇心を持って人生を楽しむこと自体が、子供たちの人生も楽しく、豊かにすることにつながっていくのだと実感しました。

だからでしょう、50歳になって「やんちゃ」と言われたことが妙に嬉しく、かなり気に入っています。

自分ができないことを、子供に無理強いしない

そもそも、子供に対して「ああしてほしい」「こうしてほしい」と言う前に、まず自分ができているか、親であるあなたが先んじてやっているか、が大切だということです。そして自分にできないことは子供にも無理強いしてはいけません。

もちろん、このような話に限らず、日常生活でも同じことです。子供にこんな風に行動してほしいと思った時には、まずは親が先にやってみせることです。

例えば、勉強もそうです。我が家では、私がまず勉強をしています。勉強している姿を見せるためというよりは、自分がはまっているからというのもあるのですが、とにかく楽しげに勉強している姿を見せるのです。そうして我が家では子供たちが「勉強が楽しくなった」と言っています。宿題をしてほしいと思った時もそうです。違う内容でもいいから一緒にやって、一緒に楽しむのです。

挨拶もそうですね。「挨拶ができる子になってほしい」と思えば、親が大きな声で、

笑顔で挨拶すれば、子供は勝手に真似をします。我が家でもそれはやっていましたし、今でも続けています。もちろん子供たちも常に挨拶をしています。もし、まだ大きな声で挨拶ができないほど子供が小さいとか、言葉まだという時期なら、頭を下げるだけでもいいのです。それで子供が真似てくれればＯＫです。

とにかく、何でもまず親が楽しそうにやって見せることです。そうすると、子供は関心を持ち始めます。人が楽しそうにやっているのを見ることで、自分もやろうという気になってくるのです。できれば、子供には親のつまらなさそうな姿を見せないでいられると、なお良いですね。子供は真似ながら学んでいきますから、親が人生を楽しんでいれば、子供も人生を楽しむようになります。

いつも、どんな時も褒めること

まずは自分自身を褒めよう

わが子のことをいつも、どんな時も褒めること、これができていない親はとても多いと感じています。これは親自身が褒められていないからでもあります。まずは自分を褒めてあげてください。まずはそこからです。

最初のうちは「私には褒めるところなどない」と感じるかもしれません。でも、誰にでも必ず良いところがあります。もちろん、あなたにも。まずはそこを見つけるのです。自分の良いところを見つけるのは難しいという人は、先に人のことを褒めてみてください。人のことを褒めると、今度はその人があなたを褒めてくれますので、そこで自分の良いところに気づくことができます。その循環で自分のことを好きになっていけるといいですね。

実際、私のカウンセリングを受けられた人に、「自分の良いところを見つけて」と言う話をしたところ、「自分では見つけられなかったけれど、周りから褒めてもらったこと、岡田さんから褒めてもらったこと、そういうのを全部書き出して、自分で読み返してみたんです。そうしたら、だんだん自分のことが好きになってきました」と言われたことがありました。そんな風に書き出してみるのもいいかもしれませんね。自分が褒められたことを書き出す、そして見る、そして浸る、つまり「見える化」ですね。そもそも思考にはクセがありますから、どうしても見ようとしたものしか見えません。自分が褒めて育てられていないと、褒めるところを見つけることも難しいですから、こうした練習で良いところを見るクセをつけるといいでしょう。

子供への褒め方は？

そうして、今度は子供を褒めるようにします。子供も褒められると嬉しいですし、自信を持つことにも繋がります。コツは「結果」ではなく「過程」を褒めてあげること。また頑張ろうという気にもなります。言わば一つの「励まし」と同じですね。

ちなみに、私の長男に対する褒め方ですが、まず「私にできないことができる」部分を見つけます。計算が早い、数字を覚えられる、などですね。それだけでも、「すごいね」と声をかけるのです。

他にも、「さすが」、「すばらしい」、「すてき」といった言葉をかけていますが、あまり「偉いね」とは言いません。「偉いね」というのは私の感覚では何となく「上から目線」のような気がするからです。基本は「すごい」、「さすが」、「すばらしい」、「素敵」、「最高」の5Sですね。「それ、最高！」とよく言っています。

それでも長男は、「そんなの当たり前じゃない？」と言って当然のようにしていることもあります。誰でも、自分ができることに関しては「できて当たり前」と思っていますから。でも、人から見ればそれがすごいことだったりするのです。自分では気づかない、でも本当はすごいこと、そういうところはどんどん褒めてあげましょう。褒め続けることで、自分自身の気持ちも良くなりますし、相手の気持ちも良くなり雰囲気までもが明るくなります。

そうなると、今度は逆に変な言葉を使うことに敏感になってきます。つまり否定的な言葉や、汚い言葉遣いが気になるようになるのです。例えば、長男が否定的な言葉を使うと「何、今の言葉、なんて言った？　お母さんはそんな言葉、日頃使わんよ」と敏感に反応できるようになります。つまり、褒め合うことで家庭の雰囲気が明るくなると、いろいろと他の面でも健全な判断ができるようになる、という副産物もあるのですね。

もちろん、夫婦間でも褒め合います。主人が仕事で子供と一緒に過ごす時間が少なかったとしても、子供には主人のことを褒めます。例えば、よく料理を作ってくれるので、「お父さん、すごいよね。おいしい料理を作ってくれて」という具合です。

褒めることに関して少しまとめると、

・いつもどんな時も褒める
・「最高」の５Ｓで褒める
・親子の関係も良くなる
・家族も明るくなる
・健全なものの考え方ができる

という感じです。

こうして見ると、褒め合うことには弊害などないと気づきます。それどころか、周りにもそういう「褒め合える人たち」が増え、その後にお付き合いする人たちも、波長が合う人たちが集まります。類は友を呼ぶという感覚ですね。そして周りにそういう人たちが増えた結果、とても良い循環が起こります。子供が発達障害であっても、子供を守ってくれる人が増えますし、理解者も増えます。

我が子を大事にしてもらえるかどうかというのは、お母さん同士の人間関係が大きく影響します。いかに普段から交流しておくかです。それは、地域での人間関係も同じです。多くの親御さん、地域の人たちとつながって、子供の理解者を増やしていくことです。つまり、誰の、どんな子供であっても褒め合っていくということですね。

そして子供が褒められると自分も嬉しいのですが、そこで「いえいえ」と謙遜する必要はありません。むしろ「そうでしょう」と一緒に堂々と喜ぶくらいでちょうどいいのです。褒めるということは、それぞれの命を尊ぶことでもあり、かけがいのない存在だと認めることでもあるからです。そもそも子供が生まれてくれた時のことを振り返れば、いてくれるだけでありがたい存在のはずです。そしてそのとき何もできない子だったのが、これまで「できること」が増え続けている訳ですから。

自分を褒めて家族を褒めて、そこから生まれる大切なものを感じてください。

おわりに

子供たちの幸せを願い、より温かな社会にしていくには、やはり「教育」が大切です。家庭での教育、学校での教育、社会での教育……、私の思いはまだその過程にありながらも、このタイミングで書籍という形にできたことには、意味があると考えています。

子育て中のお母さんの気持ちにもっと寄り添うことができたら……そして、改革が進んでいくであろう「学校教育」、私達を取り巻く「社会の環境」について、一緒に考えていくことができたら……この本には、そんな願いを込めました。

私たちが受けてきた「家庭教育」や「学校教育」を改めて問う中で、子育て真っ最中のお母さんの思いや願いは、改革の大きなエネルギーになることでしょう。

これからは、違いを認め合う方向へ。多様性があってこそ、社会は様々な力を発揮することができるでしょうし、その多様性を調和させながら、より幸せになる方法を見出していけるでしょう。そんな社会になれば、子育てのあらゆる問題の再発防止にもつながるはずです。

とは言え、私の思いや経験を文字にする作業を進めていく中で、正直ためらう時もありました。ですが、過去の長男との経験を思い出す中で、「感情の原因は自分の中にある」ことも理解しましたし、それを昇華すれば、「過去の恩恵」として捉えることもできました。反省もありますが、希望もあります。私達親子の経験が、現在悩んでいるお母さん、そして子供達の暮らしが楽になるきっかけになれば幸いです。

きっとこれからも、社会や教育、子育ての問題は山積みでしょう。誰かが手を挙げなければ、きっと何も変わりません。この本を出させていただいたことで、私は新たに覚悟を決めることができました。

今後も、個人の多様性、そして命の尊さを伝えていきたいのです。「平和」とは、誰もが尊重される社会であることと感じますし、お互いを認め合える社会になれば、きっと素晴らしい世の中になるはず。そう信じた道を、これからも進みたいと思います。

最後に、この私の思いや経験を書籍という形にしてくださった、マガジンランドさま、担当編集者さま、「本を出す」夢が目標になった時から、実現まで見守り続けてくれた家族に、心から感謝します。

そして、最後まで読んでくださった読者のみなさまに、心からありがとうございました。あなたの子育てが楽しいものに、心軽くなるものになるよう願っています。

2019年6月吉日

岡田和美

著者紹介

岡田和美（おかだ かずみ）

子育て支援カウンセラー。
お母さん 、教職員を対象に、自己肯定力を高める
カウンセリングが特徴。
保護者数330名 ・生徒数120名以上の実績。
一般企業本社管理部人事課勤務の他、熊本市立中学校国語科講師など。
2004年～2007年 育児サークル主宰
2013年度 熊本市立小学校PTA会長

［ブログ］ https://ameblo.jp/kachis0z0/

発達障害から知る子育て

2019年8月23日　第1刷発行

著　　者　岡田 和美
発 行 人　伊藤 英俊
発 行 所　株式会社マガジンランド
〒101－0054東京都千代田区神田錦町3－7　東京堂錦町ビル5F
販売部　TEL03－3292－3221　　FAX03－3292－3222
編集部　TEL03－3292－3226　　FAX03－3292－3582
http://www.magazineland.jp
E-mail　info@magazineland.co.jp

装丁デザイン　長久 雅行
イラスト　hibrida-stock.adobe.com
本文デザイン　赤羽 温子
印刷製本　シナノ書籍印刷株式会社

ISBN 978-4-86546-232-6　C0037